不平等 THIS IS WHAT INEQUALITY LOOKS LIKE 的样貌

[新加坡] 张优远 著　杜嫣然　杨健伟 译

人民东方出版传媒
People's Oriental Publishing & Media
东方出版社
The Oriental Press

目 录
Contents

新版序言 / 1
前　　言 / 7

第 一 章　第一步：扰动叙事 / 001
　　　　　国家叙事，个人故事 / 005
　　　　　不平等与贫困 / 006
　　　　　精英主义和关于个体价值的叙事 / 009
　　　　　精英主义：并未发挥应有的作用，或实际上
　　　　　　　正是如此？ / 011
　　　　　关于"不平等"的民族志 / 019

第 二 章　日常生活 / 023
　　　　　梦想：一间属于自己的房间 / 024
　　　　　公租组屋：社区邻里 / 025
　　　　　租赁屋内部 / 033
　　　　　置身大环境：需求是什么，它们如何
　　　　　　　社会化？ / 039

第 三 章　工作与生活的平衡不应是阶层特权 / 049
　　　　　这就是育儿的现实 / 054

有薪工作和照护责任——不能只谈一个而不谈
　　　　另一个 / 062
　　工作与生活的平衡不应是一种阶层特权 / 069
　　照护的权利 / 075

第四章　**我希望我的孩子比我强** / 078
　　世界级的教育系统 / 085
　　高风险教育竞争时代的育儿 / 089
　　"我希望我的孩子比我更好" / 100
　　这不仅关乎个体的育儿实践 / 104

第五章　**没有阶层保护的成长** / 106
　　影响力和威信：阶层条件的相关性 / 107
　　空间、付费活动和零花钱 / 108
　　时间、休闲活动和记忆 / 109
　　家庭之外的世界：父母的威信是
　　　　社会性的 / 112
　　在没有阶层保护的情况下成长 / 116
　　"家庭作为第一道支持线" / 121

第六章　**被分化的应得性** / 126
　　公共资源的配给：有薪工作和婚姻的
　　　　中心地位 / 127
　　制度化 / 130

补漏式的、特定的和有条件的"帮助" / 133
被分化的应得性 / 138
身为新加坡人必须面对的两种现实，或，顾客
　　可以顾及其他顾客吗？ / 141
改革 / 144
现在要怎么办？ / 148

第 七 章　需要、想要、尊严 / 151

第 八 章　尊严犹如洁净空气 / 156
视贫困为例外 / 161
视贫困为可容忍的 / 166
视贫困为个人的"心态"问题 / 173
尊严需求 / 181
有条件的尊严是什么样的？ / 183

第 九 章　家丑外扬 / 186
触动敏感神经 / 187
"你们为什么要这样讲新加坡？" / 189
前进吧！新加坡 / 192
家丑岂可外扬 / 195
我们必须抵抗国家/民族主义倾向 / 198

第 十 章 "种族"备忘录 / 201
　　普遍认知和看到差异的倾向：
　　　　贫困问题的种族化 / 205

第十一章 现在要怎么办？ / 213
　　学习与反思 / 213
　　适应和行动 / 216
　　目标：向瑞典学习 / 218
　　承担责任：忘掉瑞典 / 221

给所有读者的研究方法附录　这就是资料的样貌 / 225
　　提问的方式影响我们如何理解世界 / 226
　　话总被人在说，总有人在说话 / 229
　　知识生产的事业：谁有权利生产知识？在什么
　　　　条件下？ / 231

后　　记　自传式民族志意料之外的一年 / 234
致　谢 / 249
关于作者 / 252
参考资料 / 253

新版序言

郭建文[①]

"我原本是打算做一个关于贫困,关于低收入者,关于**他们**的研究。随着时间的推移,我渐渐发现我揭露的是一个关于不平等,关于相对的富裕与贫困,关于**我们**的故事。"张优远把这段学术历程写成《不平等的样貌》。这本书是关于"不平等的民族志(ethnography),而非介绍贫困的"——她邀请我们一起或与他人共同开启这段旅程。

思考这本书的意义时我想到了一句话,但我在使用时犹豫不决,因为听起来太像陈词滥调。但是重读这本书的几页——事实上几乎是任何一页——时,这句话又重新回到了我的脑海。这本书的独特气质让我觉得它适用于此,这在社会学家或是任何学者撰写的书中都极为少见:**这是**

[①] 郭建文是新加坡南洋理工大学的社会学教授,也是人文与社会科学学院的创始成员,并担任第一任社会学系主任、校务议会主席,以及负责学生生活的副教务长。他的研究领域包括社会记忆、心理健康、海外华人与亚洲现代化。他一直积极参与新加坡的公民社会和公营部门的事务,尤其是在艺术与文化遗产领域。

一本以美好笔触书写的不美好主题的书。

　　之所以说是美好笔触，因为阅读它就像聆听一首包含多重旋律的音乐作品。旋律层叠交织，而又相互缠绕争鸣。其中有两道主旋律相互呼应并引发张力，它们来自两种迥异的社会阶层立场：教授不断提问、受访者慷慨地分享生活经历，两者同样重要，而前者努力想理解并放大后者的声音。与此相对应的是背景中单调的、响亮的、反复的口号：精英主义（meritocracy）与社会流动性（mobility）的国家叙事（national narrative），以及将其内化为自我价值评判标准的个人叙事（personal narratives）。

　　而之所以说是不美好的主题，因为不平等、贫困和进步、富裕并存显得非常扎眼，也与庄严载入新加坡《国家信约》（*National Pledge*）的普世理想"……建设公正平等的民主社会……"格格不入。在新加坡公开宣称的社群主义（Communitarianism）表面之下暗埋了个人主义的内核，体现在精英主义被铭刻成为不可动摇及神圣不可侵犯的意识形态基石。优远表示："我们意识形态的两面，一面认为要置群体利益于个人利益之上，另一面则是适者生存、首先关照自己家人。"要正视不平等的问题，就必须正视这种不连贯的意识形态，最终面对自我，面对我们不连贯的自我。

我们可以感受到作者努力让自己投入这样的冲突中去，即使是在这种对学术辩论和反对意见不太友好的社会环境下。在这里，部分批判话语甚至可能被认为是对国家的不忠。因此，她在文中不断审慎自省，在某些充满矛盾的地方则反复提问。在书的开头几页，她好像觉得有必要收敛一些，一开始就问道："我为什么要把自己置于写作内容之中？这不是学术写作的惯常做法。事实上这令人非常不安。"但是，如果作者自己不能感同身受，就难以让读者身临其境感受到这个话题带给所有人的不安。她知道这个主题会引发各种情绪，包括自己的情绪；她提及对于试图改变现状的焦虑和无奈，以及听到座谈会观众一再称低收入者为"那种人"时感到的愤怒。在理解低收入者为何陷入岌岌可危状态的过程中，张优远发现低收入者没有受到该有的尊重和认可，她也诚实地袒露了自己作为研究者的脆弱。

尽管这本书并非传统意义上的学术著作，但其仍是基于详尽的田野考察与学术文献严谨的批判分析。如果用狭隘的"关键绩效指标"（Key Performance Indicators，KPI）来评估一名教授的"研究成果"，你可能会质疑此书的价值，尤其当这本书并非面向专业学术人士。但是知识分子必须决定如何履行自己的使命。这也解释了优远这本书的影响力，以及此书出版后为何在新加坡轰动一时，更重要的是，这本书——为大众读者撰写却秉持严谨的学术研究态度——为何在国内激发公众对不平等现象广泛、深度的热议。

这本书触及各领域及年龄段的读者，从十几岁的青少年到年长者——部分原因是它为那些正在努力表达自己想法和情感的人提供了一种表达形式，尽管尚未成熟。优远的自省声音和富有洞察力的分析引导出清晰的结论，让读者反思自己所处的社会现状，并发问该如何理解与我们处于迥然不同生活环境的同胞们。

在此，我想对二三十岁的读者们发表一些看法，他们要么在大学念书，要么在公共单位或私营企业上班。换句话说，这些人都是新加坡精英制度的受益者，其中大多数是有向上社会流动经历的第一代大学毕业生，但在面对就业市场的激烈竞争和生活成本不断上升时，或许安全感和不安全感兼有的复杂感受会时常伴随他们。我目睹了他们在公开讨论时对这本书的反应，他们正学习以新的和更细致的方式提问，而这些问题没有与他们生活的形态和实质脱离。许多人反思了自己在社会服务、住房、教育、科技和金融界的工作，似乎也在寻找方法从人的需求的角度理解低收入家庭的经历，而非只把低收入者当成援助和施舍的对象。这种理想主义打破了许多人认为的千禧一代是冷漠无情、愤世嫉俗、自我感觉良好的刻板印象,然而他们也可能会被轻率地认为是天真幼稚、不切实际、软弱无能,甚至是无爱国之心,因为这对新加坡成功的基础构成了威胁。

谁能判定这种可贵的理想主义是短暂还是持久的呢?这会对一个民族的道德观产生怎样的影响?书中有许多发人深省的句子,我从中汲取了一些启示:"尊严犹如洁净的空气。只有在它短缺时,我们才会意识到它的缺失。直到你失去它,你才会意识到你有多么需要它,它对你多么重要。"我们也可以说,理想主义犹如洁净的空气。

优远邀请我们参与一场对话,参与这一连串不断发展而紧密相连的对话,这对话已经超越她的著作,也超越了新加坡。当她提到不同社会之间及其内部存在的不平等时,这一点已经显现了出来:"摩天大楼与贫民窟的对比,大型购物中心与外籍劳工宿舍区的对比。"尽管新加坡是没有乡村地区的都市国家,但是它吸引了成千上万名来自邻国以及亚洲地区众多的外籍劳工。当我们考虑到为城市经济增长做出贡献的外籍劳工的需求时,不平等的问题将变得更加复杂,这就是为何优远的分析可以扩展到更广泛的领域。如果新加坡人之间存在一定程度的不平等是可被容忍的,那么这能说明我们对生活在此的其他人如何看待吗?此外,如果在新加坡这样的模范国家,城市不平等现象都这般明显,那么本书明确提出的事实和观点,在中产阶层逐渐增加及城市贫困问题日益加剧的亚洲主要城市中,可能都具有理论意义。

《不平等的样貌》不仅是极具影响的类学术写作新典范,也提供了一种公众参与的模式,它将我们联结在一起——贯穿不同阶层、城市、国家。在始终关注我们所处的不平等境遇并持续重视每一个人的尊严背后,也许这本书提出了更深层的问题:什么是我们共同的人性?

2019 年 1 月

前　言

　　一个社会学学者无法真的从这个问题开始——贫困是否存在于当代新加坡？基于她对于世界的认知，问题的答案必然是肯定的。但是作为一名新加坡人，听到这个问题时她会想：嗯，我不确定。

　　我以一个社会学学者的身份，同时也是新加坡人的身份开启了这个研究项目。在我作为学者的头脑中，我知道我只需要寻找就会发现贫困。而在我作为新加坡人的想象中，我无法设想自己会在寻找中看到什么景象。这两种情况是本书的基本架构。无论我们知道什么，无论实证真理告诉我们什么知识，每个人都还是会有盲点。这些盲点是我们以前习得的既有观念，是我们植根于内心深处的偏见，是我们与社会上许多人共同看见（或不去看见）事物的方式。

　　本书是为我自己以外的广大读者所写的。一部分是因为我和许多我希望与之交流的读者一样，在思维上都有着新加坡人的某些特质。我们对于自己是什么人和这地方是什么样有着相同的想象和假设。本书如火炬之光：照亮与搜寻，引出实证证据使我们能够发现盲点和重新审视自己的假设。这是一个为外在实践所牵引、由内在思考所推动的对话。社会学家在向新加坡人提出：看看这个，你能看见什么呢？

本书写的是我在观察后的发现。它是一本收录一名新加坡社会学学者所见所闻的书；是关于如何正视贫困、如何面对不平等；是关于承认贫困和不平等所导致的对我们社会和自身缺陷的揭露。而我们一旦看见了，就绝不可以，也绝不应该视而不见。

*

本书的章节以可单独阅读的形式撰写，但也考虑到阅读的整体性和顺序性而进行了整理。我都希望每个章节达成两个目标：第一个目标是把低收入人士某个关键生活体验介绍给读者；第二个目标是展示理解人们的经历必须考虑到不平等的结构性条件，即处于不同阶层环境的人可能做了相同的事情却会面对全然不同的结果。

这些文章采用了三年（2013 年至 2016 年）间我与低收入者交谈、对他们的观察和深入访谈所得到的数据，同时结合了我对于新加坡家庭、社会福利、性别和公共政策的十年研究。我分析低收入者的经历,以更清晰地阐明新加坡的照护结构、福利制度、学校制度,以及劳动环境当中蕴含的逻辑和原则。

本书以整个新加坡社会为背景来展示一群人的生活和经历,是关于不平等的民族志,而非介绍贫困的目录册。

为何选择民族志研究方法?在不平等研究中,数据固然重要,然而个体经历同样不容忽视,民族志研究方法恰恰能关注到个体经历。了解人们日常的不平等经历,对于清晰阐明社会底层的人们如何经历不平等以及他们为此付出哪些代价至关重要。不平等的民族志研究有助于我们了解助长不平等存续和深化的结构基础,以及制度和文化是如何在这个结构中发挥效力。

为什么要研究不平等,而不仅是贫困?不同于那些日渐流行于新加坡或其他地区的说法,"穷人"并非存在于制度之外,也不是主要趋势的"例外",他们的处境是社会现实中的关键部分;他们的生活和谋生方式与较为富裕的人有着直接关系;他们所受的限制揭露出更广泛的社会景象和政治经济逻辑。

在研究贫困时如果不考虑不平等问题,会导致我们错误地将结构性问题归结为个人的失败。同时,在研究不平等时如果不考虑贫困问题,尤其是只将重点放在趋势和数字上则会让研究缺乏人性,因为我们只抽象地指出了不平等的存在而没有指出真实的人遭受了哪些不公平。

当今世界,我们看到不平等危机、福利体制崩坏、社会契约和信任感越来越薄弱。新加坡所面临的,正是高度富裕和高度不平等社会所需要面对的紧张关系和社会对立,触目皆是导致贫困和不平等日常再现的社会生态。归根结底,直面贫困和不平等意味着直面伦理道德问题——什么是应得、什么是社会、什么是最大公益可以或者应该包含的事项?

*

我们如何提出问题影响我们如何看待解决方案。本书的使命简单至极,却又是一直以来严重缺失且十分重要的——它要求读者以不同方式提问、改变看待"常识"的既定立场,并在这样做的过程中,将自己视为问题和潜在解决方案的一部分。

在研究与撰写本书的过程中,我有时会变得烦躁不安。在我看来社会中的许多匮乏问题都是可以被解决的,可是我不知道它们会如何被解决。如同许多新加坡人一样,我想知道:政府可以为此做点什么?如同许多社会学家一样,我想更普遍地发问：我们每一个人，尤其是掌握权力的人，能够做点什么不同的事情来产生不一样的结果？

一个明智的朋友曾提醒过我制度的坚韧性。他告诉我，那些看似有影响力的人时常会感到无能为力。他打了一个比方：你坐过地铁吗？你有时会看到列车突然晃动然而没有人跌倒，大家不知怎么都站得好好的？制度就像那样——单凭个人的力量无法改变它。

我花了很多年研究探讨人们的能动性如何变得有限——因为我们是在自己难以掌控的特定条件下作决定和生活。这是社会学研究的基本出发点。但在这位朋友说完后，我提醒他：这是一个很好的类比，但实际情况与此有显著差异。物理法则不适用于人们深思熟虑的行动。分子、原子、重力、动力……都不是依照道德行动的人，但我们是。

本书是一份邀请。你如果正在阅读本书，一定有你的理由。我敢于写出所见所闻，却不敢鲁莽地认为自己知道你会如何解读书中的文章，以及知道它们能对你有什么价值。本书是对所有感兴趣阅读它的人的邀请——希望在未来的岁月里，我们能够开启对话、深入探讨，把话语和想法转化为行动。我们可以选择采取行动，也可以选择不行动。但这两者都是我们的选择，因为我们并不只是分子。

第一章
第一步：扰动叙事

当我回想我的研究时，一个时常浮现在脑海中、引发我百感交集的回忆，是我做完田野调查工作、驶离建屋发展局（Housing & Development Board，HDB）租赁屋街区的画面。那一连串的动作我重复了无数遍——在几个不同的田野调查现场游历几小时后回到我的车里，发动引擎，拿起我的水瓶喝一小口，然后开车回家。

我的家是一个舒适的公寓，距其不到半小时车程的，却是另外一个截然不同的世界。

当我回到车上时，我通常还在回想刚刚遇见的人，回想他们向我分享的故事。有时候我会因为连续走动几小时而汗流浃背；如果故事中谈到了臭虫，我会感到自己手臂和大腿在隐隐发痒。

而当我开始开车时，我便会调整自己回到一种完全不同的现实中——在这个现实里，我的职业带给我地位和认可；我可以轻易地对我的家人说出"今晚太累了不做饭了，我们出去吃吧"；以及当我走进任何商店、博物馆或餐厅，我会被当成一位潜在顾客加以问候。这个事实贴合新加坡作为国际城市，而我作为它的国际公民的印象——自由自在、见多识广、自由流动。

而我第一次驶离这个街区，是在一次小组讨论之后。讨论会上，几个女性用画图的形式分享了她们在普通的一周里的空间运动轨迹。大致如下：

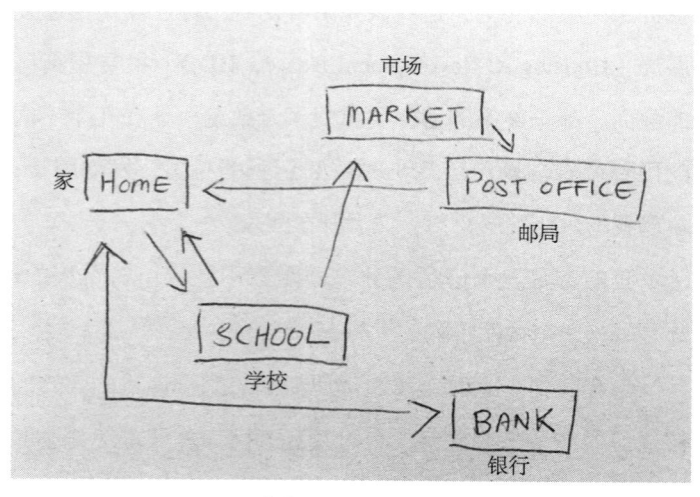

大岛屿还是小岛屿？

那个下午，当我开车驶上高速公路时，我突然意识到，这对我来说只是稀松平常的出行，是一段我想要就可以随时出发的行程，但对那些我刚刚认识的访谈对象而言，却是她们常态生活之外的一个不寻常际遇。这是一个让我相当震撼的发现。

当我和并非来自新加坡的人聊天的时候,一个时常出现的话题是感叹这个国家之小,感叹它仅仅是个小岛。当我向未曾到过新加坡的朋友描述它的时候,我也会不时重复这种老生常谈。但是现在,对我所认识的这些受访者而言,事实上这个小岛非常大,而她们的活动范围也仅限几个必经之处——孩子上学的学校、购买食物的市场、存钱的银行、充值预付公共账单卡(utilities cards)或其他账单的邮局。当我社交圈内的友人想去哪里就去哪里,却还在抱怨周末无事可做的时候,我的受访者们在新加坡的生活半径却只有几公里。即使她们走得更远一点,那也只是为了离家工作,而非以休闲或者消费为目的。

在我的第一次拜访之后,很快,我又遇见了非常多其他受访者,他们一辈子都在新加坡生活,但从未去过很多我早已习以为常甚至从未多加在意的地方。

流动性与非流动性既是空间性的也是时间性的——它们与不同空间之间的运动相关,也伴随时间的推移而发生变化。

流动性与非流动性不仅是想象中的存在状态，也是一种真实的生活现状。它们描述了我们每日的行程轨迹，也塑造了关于我们去过哪里以及我们还能去哪里的理解。

当我讲演自己关于当代新加坡贫困问题的研究时，有时会收到一些观众回应。在听闻我所提及的物质匮乏情况后，他们会讲述自己成长过程中的遭遇或是艰辛的生活环境。在一次讨论会上，我谈论到一个女性受访者，她和她的家人经历了几个月无家可归的生活。她的孩子们不得不在每天凌晨 4:00 在公共厕所里洗澡、准备上学。此时，一位 70 多岁的观众俏皮地回应道，他也每天洗冷水澡。他打趣地指出其实冷水澡的体验很好，因为新加坡天气相当炎热。而在另一场活动中，我提到了臭虫让有些孩子夜不能寐、导致他们早晨睡过头而缺课的案例，一位观众则回应道他小时候也曾一样被臭虫困扰。

虽然这些言论在部分意义上是作为玩笑话说出来的，但发言者也的确意在弱化我的论断的影响力。他们实质上是在暗示：洗冷水澡并没有那么艰难；臭虫也算不上什么大不了的麻烦。但事实并非如此。这些麻烦，被这两位发言者描述成他们的独特癖好或是带有浪漫色彩的"旧时代"日常，而对于我近年遇到的受访者来说，这是非常不舒适的不得不面对的现状。他们每天看着其他人似乎都在"向上流动"、过着舒适的生活,而自己则被"留在原地"。

国家叙事,个人故事

当这两名观众提到他们的"艰难时刻"时,这些困苦通过特定的叙事变得清晰可读、易于理解。每年都有越来越多的素材被生产出来以支持这种叙事:更多的展览、海报、电影,网站的宣传和口号,以及新闻报道。一层层的故事以彼此为基础而建立,不但强化了整个叙事的结构,也使其作为"常识"的表象愈发明确。对一个新加坡人,即使是一个怀有批判精神的新加坡人而言,这也是一个深入人心的故事。这是一个渗透了个人情感的故事,成为个人构建自我故事的重要部分,以至难以将其外化或表达。

这是一个面向我们自己讲述的关于我们自己的故事:新加坡在短短的几十年内变成了一个闪耀的国际城市。我们曾经很贫困,但现在我们很富裕。我们自然资源匮乏,但现在我们能在这个城市里吃到任何想吃的、买到任何想要的东西。我们曾经缺乏良好的教育,但现在我们的孩子在世界性的标准化考试中名列前茅。我们安全,我们干净,我们实在太棒了。我们实在太棒了。我们实在太棒了。

为了保持这一令人艳羡的成绩,我们必须继续前进。前进、运动、流动——它们并非只是表面功夫,它们关乎生存。如果我们停滞不前,就注定会失败。

为什么这个叙事如此重要?那两位听我报告的先生提到他们的"艰难时刻"时,正是此种叙事——因为如此理所当然以至于不需要被点明——让他们的经历被认为是有尊严的而非可耻的。一个人可以骄傲地谈论选择洗冷水澡,因为他知道他已经熬出头了。一个人可以愉快地而非羞耻地回忆臭虫,因为他确认他此刻已经向上流动、脱离了那些贫困的黑暗时日。有这个奇迹般飞速发展的国家叙事作为他们个人故事的背景,这些人可以宣称自己赢得了一种光荣的胜利。

但我们不禁思考:那些还没有抵达成功或者不具有流动性的人,他们的尊严呢?那些在这个叙事结构下仍止步不前的人,他们又将被置于何地呢?

不平等与贫困

不平等和贫困是紧迫的全球性问题。它们受到来自学者、新闻记者、社会运动家、政策制定者,以及国际治理机构等深刻而持续的关注。[①]越来越多人认可，这两个议题在经验上相互关联，国家作为（或不作为）与企业实践相结合对改善或加剧这一问题有着至关重要的影响。

全球不平等的状况日益严峻。各国之间存在着巨大的不平等。帝国主义和殖民主义的遗祸，以及随之而来的发达国家垄断资源，损害发展中国家人民的福祉，仍然是当代的现实。[②]社会内部的不平等状况也同样严峻。一些人拥有充裕的现金与资产，很多人却处在极不稳定的境遇里；还有其他人甚至完全在这场竞争之外。在城市——目前大多数人居住的地方——我们看到这种不平等的外化体现——摩天大楼与贫民窟的对比；大型购物中心与外籍劳工宿舍区的对比；女佣、建筑工人的身体和那些在健身房

[①] 近年来关于不平等与贫困研究的一小部分，包括经济合作暨发展组织（OECD）（2014）；Piketty（2014）；Inglehart（2016）；Credit Suisse Research Institute（2014）；Bourguignon（2016）；Ostry、Berg与Tsangarides（2014）；国际金融发展组织（Development Finance International）与乐施会（Oxfam）（2017）；Stiglitz（2012）；Amin（2013）；Ferguson（2006）；Garon（2002）；Haney（2002）；Kohl-Arenas（2015）；Mullainathan与Shafir（2013）；Standing（2011）；Wacquant（2009）；Prasad（2012）；Ackerman、Alstott与Van Parijs（2006）；Ehrenreich（2010）；Sainath（1996）；Edin与Kefalas（2011）；Davis、Hirsch、Padley与Marshall（2015）；Song（2009）。

[②] Ferguson（2006）；Roy, Negrón-Gonzales, Opoku-Agyemang与Talwalker（2016）；Sassen（2001）。

锻炼的人的身体之间的对比。

新加坡似乎迟迟没有意识到并着手解决收入和财富不平等的问题。在这个进步与繁荣的纯粹叙事里融入这类现实并不容易。

在新加坡，因为数据不完整，不平等和贫困的人口比例很难被确认。即便如此，从事数据分析的研究者们仍指出最近几十年对基尼系数（Gini coefficient）[①]的追踪表明不平等的状况在20世纪60年代和70年代略有改善，而后从80年代至今再度恶化。[②]

在2016年，以基尼系数衡量的收入不平等状况，在转移支付前为0.458，转移后为0.402。[③]从劳动收入来看，新加坡排在前10%家庭的月均收入为12773新加坡元，是排在81%至90%分位家庭月均收入（5958新加坡元）的2.1倍，是排在41%至50%分位家庭月均收入（2339新加坡元）的5.4倍，是排在最后的10%家庭月均收入（543新加坡元）的23倍。在富裕国家（地区）中，新加坡是不平等程度最高的国家（地区）之一（仅次于中国香港地区）。[④]

[①] 基尼系数：国际上通用的、用以衡量一个国家或地区居民收入差距的常用指标之一，包括收入基尼系数和财富基尼系数。

[②] Ng（2015）。

[③] 新加坡统计局（Singapore Department of Statistics，2016）。

[④] 美国中央情报局（Central Intelligence Agency，2017）。

因为缺乏官方发布的贫困线，新加坡的贫困人口数量一直很难确定。然而，如果非要作个界定，借用一些国际机构和学者的标准——家庭收入低于全国家庭收入中位数一半——那么大约 1/5 的常住人口[①]可以被定义为穷人[②]。

过去三年来，我所接触的受访者基本都处于收入图谱的底层。他们是有资格从建屋发展局申请居住房的家庭。按建屋发展局的标准，这意味着每个家庭的月收入少于 1500 新加坡元。虽然这些家庭的处境尤为艰难，但他们所面临的问题可以帮助我们理解当代国际化都市中的人们所面临的一些普遍挑战和不安全感。近距离观察他们生活的意义不仅在于了解低收入者，也在于通过分析他们的经历，获得一种更广泛地理解我们所处社会体系的方式。

精英主义和关于个体价值的叙事

在我们的社会中，关于平等的承诺，其故事内核常常是关于社会流动性。换句话说，国家的领导者们强调他们

[①] 请注意，官方统计数字不包括居住在新加坡的大批临时性外籍劳工，2016 年这一人群将近 170 万，约占总人口的 30%。由于他们之中大多数是低薪劳工，如果统计数字纳入他们的收入，所得不均和贫困人口的比例可能更高。

[②] Donaldson, Loh, Mudaliar, Kadir, Wu and Yeoh（2013）; Smith, Mudaliar, Kadir 和 Yeoh（2015）。

致力于为向上流动、为进步提供机会：我们不能保证结果的公平，但我们会承诺每个人都能平等地参与这一竞争。新加坡政府在这种意识形态下对它的平等承诺进行了不遗余力的保证。而这种保证的背后则是"精英主义"。通过精英主义的话语和制度化，使这个关于大范围向上流动的叙事被分解到个体层面。

精英主义的架构是什么？第一，向上流动是个人可以企及的事情。这是一种现代意识，它暗示了一个人的财富是可以与他的家庭财富分离的。第二，流动可以通过在正式的教育系统中努力来实现。这与大众教育发展之前，以商业活动和创业作为成功的主流形式形成了对比。第三，这个正式的教育系统强烈关注学术性的专门知识及考试。第四，尽管努力是必要的，但成功的要素之一仍然被认为与天赋智力有关。虽然每个人都有成功的机会，但人与人之间本就存在一种天然的不平等，而这个系统无法修正这种智力和才能的自然差异。这个精英主义系统的部分工作是通过借助考试这一主流工具，对学生加以分类、筛选、淘汰和分化奖励。

因此，一个很少被点出但被广泛接受的精英主义脚本是：这个系统追求公平的竞争，但竞争的结果不可避免地造成学历、职业、收入和财富上的不平等状况。换句话说，尽管没有哪国的政治领导人会强调精英主义的上述特征，但关于精英主义的梦想从未关注过，也无法导向一种平等的结果。不平等，事实上是一种符合精英主义逻辑的后果。当教育系统进行选择、分类以及分级，当它对那些"名列前茅"的学生给予认可时，它所做的，实质上是为这个系统当中的成功者提供了一种理所当然的应得性。[1] 反过来说，这暗示着那些位于排行榜底部的学生是失败的，所以他们不配得到。

通过精英主义的讨论和以其为逻辑内核的制度，这个大范围向上流动的叙事在个体层面得以具体展现。一种有力的、公共且私人的叙事将国家成功和个人价值进行联系，这些叙事影响着那些已经到达的、仍在前进的，以及停滞不前的人们。回到那两位对洗冷水澡和臭虫给出调侃回应的观众，或许我们可以说这种关于流动的国家叙事已经被深深嫁接到他们的个人价值叙事中。

精英主义：并未发挥应有的作用，或实际上正是如此？

在那些做田野调研的下午或夜晚，当我拜访这些家庭、跟他们聊天时，我有时会感到时间的流逝似乎变慢了。我

---

[1] Bourdieu（1989）；Karabel and Halsey（1977）；Khan（2011）。

走进这些住宅楼看到的生活方式，似乎还带有 20 世纪 80 年代我童年时期的痕迹。那时每逢学校假期，我会有一段时间待在马来西亚的城郊祖父母家中。那种生活方式是：成年人在炉子上把水煮开，以便他的孩子洗澡时可以从桶里舀出热水。白天，tilam（一种薄床垫）被收起来放在一角，晚上则铺开在地板上，因为睡眠的空间也是白天活动所需的空间。

在这里，我观察到了许多美好的事物，让人想起一个人与人的关系更加贴近、人际关系在日常生活中也更为紧密的时代：我们坐在地板上聊天，谈论过去和现在，花时间彼此了解、建立信任，而不是急于实现狭隘的目标和可量化的结果。人们实际上有很多事情要做，但不知怎的他们仍拥有此种耐心和慷慨，愿意先把自己的工作放置一边而接受我的提问。我发现自己采用了一种新的视角看待自己作为大学教授和双职工父母的生活节奏——承认在主导我日常社会互动的匆忙状态中，我严重忽视了人的本质。

年仅 6 岁的孩子在走廊奔跑、玩游戏的时候，已经能够照顾比自己更小的兄弟姐妹和邻居；他们的独立性和照护能力让我受到极大的震撼。

我花了一些时间消化，才把这些场景既不单纯地当成一种浪漫往昔,也不仅理解为有待改善的贫困现状。它们实际上两者皆非,却又同时两者皆是。它们所呈现的事情需要另一套词汇来描述、另一套视角来看待。

只有当我把视线拉远,这些生活才能被清晰地理解——我需要把这些住宅楼置于这个城市更广阔的范围中看待,把这些孩子和他们在新加坡学校里的同龄人关联起来看待。更重要的是,只有当我停止使用我内化的新加坡叙事,以及我个人的家庭故事,从第三世界走向第一世界、从低阶层走向更高阶层的家庭生活历史时,我才能清晰地看待这种生活的意义。当我要求自己去看见各种环境——他们所处和我们所处的环境——的陷阱和优势时,我才能清晰地看待这种生活。只有当我翻转那些构建了我们的互动方式,并为我们所自然化的等级制度(我,一个教授,自动地被认定为比清洁工人、收银员、司机和工人更加优越)时,我才能真诚地看到他们的生活:他们的处境有哪些困难?他们有哪些优点?我所处环境的劣势是什么,又缺少什么?这种关于我们所处环境和生活方式的对比,对于这个我们身处其中,探索、决策并建构生活的系统,又讲述了怎样的故事?

当我提出这些疑问,我们所讨论的问题便不仅关于"他们",同时也关于"我们"。我们扰动了试图用高收入、高学历作为标准而衡量所有人的倾向。我们质疑了标准的、理所当然的愿望——追求资历、地位、财富、排名——这些通常被视为无须质疑的追求。

这里的重点是：很多我们认为"好"的特质和价值，既非中立，也不普遍。

重复地思考和表达这个论点非常重要。关于从第三世界到第一世界、从低阶层到较高阶层的讨论，都是假定了一种特定的变化是好的，并且我们所经历的种种变化是必要的。当代新加坡人的人生道路脚本——学校、就业、储蓄、婚姻、房子、生子、教育——狭隘地把这个中产阶层实践和价值观假定为是"正常"的。这里的"正常"意味着这个脚本是一种常识，不容置疑，而且在道德上正确。在关于贫困的讨论中，即使是出发点善意的人也常常抱有一种潜在的假设，即低收入者拥有较差的行为方式，他们的生活道路是"异常"的，他们的选择是"糟糕"的，他们的文化是"有问题"的，而合适的干预方式则是使"他们"的行动方式变得更像"我们"。

我们尚未充分关注到我们的奖惩机制并不中立这一事实。并不是所有的特质、技能和能力都在我们的社会被平等地重视。我们中的部分人设定了这些标准并用它来衡量其他人，而关于这种设定方式我们没有进行足够充分的思考。

从上学第一天开始，能够安静地坐下、听取成年人的指引、准确地拼写英文单词（即使它们并没有任何语言上的意义）这类特质对小学阶段的成功至关重要；但这些是我们当中更富裕的人花钱在小孩身上培养的特质。在更大的图景中，我们很难有理由去辩护这些特质有什么内在价值。相反地，对待邻居友善慷慨，幼年时就擅长做家务和照顾兄弟姐妹，与家庭成员的相互依赖和互助支持——这些是我在低收入社群中大量看见的美德和价值观念，却从未被积极地提倡推广。"社区"的真正核心精神，并不符合关键绩效指标（Key Performance Indicators，KPI）的要求。在我们的奖励系统中，这些价值观不能转化为资产，不能导向个人和家庭实现物质和象征资本的向上跃升。在新加坡的国家叙事中，这些不是清晰可辨的价值观，尤其是当它们更多地由低收入者体现时。

当我们坚持一些行动应该被奖励，通常是因为这是我们的既得利益，而非其具有真正珍贵的人性价值。

在一个以"快速向上流动"作为对内对外故事的城市里，我最近几年所遇见的这些受访者通常被视为"落后"的。更重要的是，因为向上流动被塑造为个人努力的结果，这些"无法跟上"的人也被标记为游戏中的失败者。他们经常被一系列因素卡在特定的位置上：没有学历证书去敲开机会的大门，工作只提供极低报酬，（孩子、老人或家庭的）照护缺失不能被充分解决。

因此，我们所拥有的并不是同一个城市，而是多重的城市。

对于像我这样的人来说，这个城市充满了潜力——娱乐、安全、完善的基础设施、有效的安全保障和流动性。而对于低收入者来说，这是一个充满限制的城市——他们的生活充斥了物理上的困难和一种强烈的无归属感。他们和他们的孩子所具有的韧性、独立性和慷慨的品质，在这个闪亮的全球化城市中几乎不受重视、没有立足之处。

在新加坡，关于精英主义最常见的批评是它并未发挥应有的作用，认为我们的问题不在于制度中嵌入的精英主义原则，而在于具体实施。因此，我们一次次地努力尝试让它"升级"。在社会学文献中，精英主义被广泛地认为是一种对人们进行分类、筛选并且差异化奖励的系统；它是一套合理化分类过程和结果的系统，这个分类基于狭隘的观念，判定哪些人值得奖励而另一些则不值得。而当存在皮埃尔·布迪厄（Pierre Bourdieu）所说的"误认"

（misrecognition）时，这套系统其实正行之有效。[1]

当我们认为一个系统是基于一套特定原则但实质上却依赖另一套原则运作时，"误认"就会发生。当我们认为系统在奖励个人的努力但实际上却在奖励经济和文化资本的代际传递时，"误认"正在发生。在对精英主义的真实原则和运作机制产生误认的地方，精英主义就成为一套成功者合理化自身的系统，将成功原因塑造为个人努力和智慧而非凭借任何继承性的不公平优势；同时这也是一套为我们讲述失败者故事的系统，将失败根源塑造为个体缺陷而非系统对于这些人的不利因素。

从社会学的视野来看，新加坡的精英主义正如其所能地运作。它非常有效地说服我们——无论我们处在社会等级中的哪个阶层——正恰如其分地待在了我们应得的位置。那些不能让他们的孩子拥有必备优点的人就需要为此付出代价。

伴随着社会中不平等状况的加剧，我们看见这些代价不仅由低收入阶层所支付，同时也由处在这个收入分布图中更高位置的人群所付出。他们承认哪怕是一丁点向下流动都可能失去很多，并为此而恐惧担忧。补习班和课外活

---

[1] Bourdieu（1989）；Bourdieu and Wacquant（1992）。

动班如雨后春笋，青少年中越来越多的抑郁和焦虑，父母承受着极大的压力及监督孩子家庭作业所耗费的时间——高收入者也需要付出这些成本。

人并非住在孤岛上（虽然我们确实是住在岛上）。我们通过丰富的、错综复杂的关系与社会上的他人相互关联。我们的所作所为都受到别人思想的影响——关于对错、好坏、有价值和无价值的理解。社会共同认可的剧本和叙事为我们最终选择的路径和做法赋予意义。

正是从这些共享的剧本和叙事中，我才对自己作为一名教授有着强烈的自我意识，而我所遇到的一些受访者则对自己作为清洁工产生了不太优越的自我意识。我们所拥有的，关于他人如何看待我们、跟我们交流、对待我们、邀请或者不邀请我们参与社交生活这类日常生活经验，是我们用以塑造自我的素材来源。当我的学历证书为我打开各种机会的大门，当我在每一封收到的信件中被尊称为"教授"，每年因为"绩效优异"而获得奖金时，这些都在增加我的物质财富的同时更增加了强烈的自尊感。当一个低收入者走进社会服务中心（Social Service Office），被追问无数个关于家庭生活的私人问题，追问他银行帐户多出的40元是怎么回事，或者追问他为什么不找一个更高薪的工作时，这些都增加了他认为自己是卑微的、不值得的和被排斥的感受。

关于"不平等"的民族志

不平等经常被当成一个客观事实、一个数据问题来加以研究，这当然是事物的一面。但数据是派生的——它们来自社会真实现状，却并不能完整地描述现实本身。作为一种社会现实，不平等是经验性的。它是一种鲜活的生存事实，被每个人在每天的日常生活中所感知。这些鲜活的经验告诉我们关于不平等如何在日常生活中产生并被不断复制的重要信息。

作为一个社会学家，我对社会结构相当感兴趣。这意味着我对制度、规则、规范如何塑造个体能做和不能做的事情感兴趣。但社会结构不是决定性的，它并非靠它自己驱动历史。结构化的环境提供了一个基本框架，但人们实际上是通过他们的互动、实践塑造了每日生活。也正是在这些日常实践中，我们得以理解结构的影响。

我的研究始于对贫困群体和低收入者的关注与分析。但随着时间流逝，我开始理解到我所揭露的故事是关于不平等、关于相对富裕和贫困、关于我们的故事。

写作一本关于贫困的书当然会更加容易，继续把手上的问题当作可以通过更多地关注他们而解决的议题就行。但这样做会显得不够真诚。它暴露了对贫困认知的匮乏、知识体系的残缺，难以深刻剖析这一复杂现象。

为什么这种知识格外重要？因为我们如何看待一个问题、我们关于它的提问，塑造了我们的解决方式。如果我们误认了问题，那么无法找到可行的解决方案也就一点也不让人意外了。

*

关于贫困的研究并没有多么高深莫测，我们要了解的内容也没有那么难以理解，阻碍我们理解和重视它的更不是经验或理论上的复杂性。

我这样说并非指没有研究工作可做——这里仍有非常多需要我们通过系统性的、严谨的实证研究来了解的知识。我之所以这样说，部分原因是我常常听到人们声称"这个问题是复杂的"，并且常常听不到这个句子的后半段。因此，我所试图说明的是，的确，这个问题是复杂的，但真的，它绝非复杂到我们不能理解的程度。

我为什么要把自己置于写作内容之中？这不是学术写作的惯常做法，事实上这令人非常不自在。伴随着研究的愈加深入，我发现将自己置身其中是帮助我转向一种更全面地看待不平等和贫困问题的视角的关键。

理解和重视不平等和贫困问题的最大障碍是我们自己，或者更确切地说，是我们的社会地位以及我们在新加坡叙事中所处的位置。接受新加坡的贫困和不平等现象的现实、轮廓、经历和真实性的最大障碍是意识形态。这是一个我们作为集体所共享的意识形态障碍。这是一个深深嵌在我们国家叙事中的意识形态障碍。

对于拥有不同程度的权力、社会地位、影响力的人来说，理解贫困和不平等的最大障碍，是我们在其永久化过程中所能得到的物质和符号利益。我们是如此深入地被卷入关于国家和个人成长、发展和精英主义的叙事当中，以至我们难以面对和看见扰动这些叙事的故事。

叙事并不是坏事。我们需要讲述关于自己的故事，以便理解我们的过去，赋予我们的现在以意义，并且激励我们面向未来。但当这些叙事变得僵化且单一，它们就会成为既得利益、偏见和盲点的堡垒。

为了更好地理解，我们需要扩展我们的叙事。我们需要揭露更多的数据，但同样需要超越仅仅追踪数据趋势或记录个案的困境。我们为自己设定的一个重要目标在于改变这个叙事——我们的国家叙事和我们内在的传记叙事。如果我们能做到这一点——直面我们所有人是如何相互关联和交织的，在直面我们坚持的叙事如何维护了我们自己特权的同时，维持了这个国家其他部分同胞的劣势——那么我们就可以真正开始谈论解决方案了。

当我们转换了这种叙事，我们的行动将会有何不同呢？

我们将不再把贫困问题孤立起来——我们不再把它当成一个关于"别人"的问题，有人提供"帮助"而有人接受"帮助"。每一次我们谈及贫困，也会同时提及财富。我们会坚持精英主义和边缘化是一枚硬币的两面。我们在谈及剥削、谈及日常生活中的权力的时候会不再含糊其辞。我们会开始处理如下这个令人不安的事实：当我们中拥有较多资源的那些人开始为自己的小孩做得更多，我们同时也更进一步地巩固了关于美德的狭隘定义，并且压缩了在当前系统中拥有其他特质的孩子的发展空间。我们不会羞于将这称为一个道德问题、一个伦理议题，重要的是，我们会用一种更广阔的视角看待我们的系统。教育制度和所谓的精英主义，福利制度和所谓的依赖——我们将会检查这所有的概念，并思考如何进行深刻的转变，而非在细枝末节反复调试。

研究贫困问题不是什么高深的学问。第一步是扰动我们原有的叙事。

第二章
日常生活

晒床垫。由张优远于 2013 年拍摄。

梦想：一间属于自己的房间

住在公租组屋的人们期盼搬出去。他们告诉我，他们尝试在公积金（Central Provident Fund，CPF）的账户中积累资金，并且去建屋发展局排队。他们谈到等待和渴望。他们的梦想不过分：让孩子在一个安全的社区里成长，给孩子一个属于自己的房间。他们的梦想也跟忧虑有关：拥有一处属于自己的住所才能拥有安全感，因为他们如果发生了什么意外（例如突然早逝），他们的家人不会因此无家可归。

他们想要搬出去的愿望反映一些关于公租组屋的生活现状。虽然他们指出他们喜爱社区的某些方面——离购物市场或地铁站很近、互帮互助的友爱邻里——但很明显，一间公租组屋并不是他们想要长期居住的地方。

"停滞不前"——我在之前的论述中所提及的状态——对他们而言是不可取的，我可以非常明显地感受到这点。与那些在新加坡拥有自己的房子并希望在家中居住一生的人不同，住在公租组屋的人们迫切地希望搬出去。因此，我们应该尝试去了解，是什么导致建屋发展局的公租组屋和社区成为不被人们喜爱的地方。

公租组屋：社区邻里

建屋发展局的公租组屋通常位于常规社区内部，而非单独划分为独立的社区。较旧的公租组屋往往是由三到五栋相连的楼组成的，而较新的则是"常规"业主自住房中的单个楼的形式。在较旧的社区里，尤其能感到组屋作为租赁屋的气息。虽然这对路人来说并不明显，但对于住在这一片的居民来说，他们非常熟悉哪一个片区是租赁屋。业主自住社区与公租组屋之间有时会存在紧张关系，尤其是当关联到游乐场、开放式球场等公共空间的使用时。

如果没有特别关注，很难立即看出一栋公寓楼主要或者全部由租住单元构成。但是一旦人们开始注意，在街道上就可以观察到一些线索。

首先是大门。查看门与门之间的空间是一种分辨租赁屋的方式。租赁屋是一室或两室的公租组屋。这意味着它们要么没有独立的卧室，要么只有一间卧室。一室的公租组屋有一个客厅、一个厨房和一个卫生间，大概35平方米，没有独立的卧室。两室的公租组屋有一个客厅，一个厨房，一个卫生间和一个卧室，大约45平方米。相比之下，组屋的四室户型——新加坡典型的住房类型[1]——差不多

---

[1] 新加坡统计局（Singapore Department of Statistics，2016）。

是 90 平方米,[①] 是它的两倍左右。因此,每一个公租组屋都相对较窄,门也很近。看看公租组屋街区的外墙,人们会被住房单元如此高的密度所震撼。

建屋发展局的公租组屋。由张优远于 2015 年拍摄。

高密度的建筑是居民之间一些紧张关系的根源。当我问及他们是否喜欢他们的社区时,很多人都会以"还行"开头。但当我们聊得更多之后,我听到了他们在高密度建筑中共同生活的困难。他们抱怨公共区域很脏;如果他们住在公用垃圾桶附近,家里就会有大量的蟑螂和蚂蚁。在

---

① 建屋发展局(Housing & Development Board,HDB,2016)。

一些房子里，臭虫对人们的正常生活构成了强烈的威胁，任何一个家庭都无法摆脱，因为它们会在不同房间里蔓延。比起我自己所在的社区，我在这里看到了更多的邻里互助，但同时他们也告诉我，出于对流言的恐惧，他们也很谨慎，避免和邻居"接触太多"——过于近的距离使得互相监视变得更加容易——有意或无意，人们不想为自己和家人吸引太多注意或造成尴尬。尤其是单身母亲，她们的社交接触尤为谨慎，因为她们"不想有流言蜚语"。这些事情并非为公租组屋所独有，但这种高密度社区会让问题更加严重。

公租组屋的第二个特征是气味。我去过的许多租赁屋，尤其是在旧的社区中，都有着明显的不令人愉快的气味。很难描述这到底是一种怎样的气味，但这一定程度上是房屋之间过于拥挤的高密度造成的结果。与这些气味相伴的，是公共区域满是垃圾的景象——废弃的床垫和家具以及楼梯间的猫尿。房屋空间有限，意味着人们需要在走廊里晾晒衣服、床垫和家具，这些潮湿的纺织品也会增加味道。人们会逐渐习惯这些气味，但对它的感知不会完全消失。当我最初开始田野调查时，气味是在公租组屋中最显著的体验之一：当我闻到这些气味的时候，我的大脑会立刻切换到田野调查模式；我如果几周没来，只要一闻到这种气味就会把我带回到跟这个空间和工作相关的记忆和感觉中。

走楼梯的时候，尤其是当那里有猫尿味的时候，我会如同过去一样屏住呼吸快速走过。

我不认为垃圾/气味的出现，是因为公租组屋的住户原本就不能照顾好他们的环境。在新加坡，有非常多产生了大量垃圾的高密度社区。其他社区能够保持干净的原因是有许多工人做了清洁工作。关于气味，让我印象深刻的点是：走进这些有气味的家中是在走进一个独特的、与新加坡其他地方略有不同的空间。不论是否有意为之，一个公租组屋住户回家的时候，她或者他都进入了一个不仅视觉上具有标志性，而且以其他相当原始的生理感知（嗅觉）加以标记的空间。

我在做田野调查的过程中没有感到不安全。诚然，我一开始相当谨慎。回想起来，这是因为我对低收入社区抱持了太多负面的偏见。不公平的偏见在经历事实和复杂体验后会逐渐退让、调整。当我遇见进过监狱或者触犯过法律的人之后，他们在我眼中不再是平面讽刺漫画里的角色，而是真实立体的人。除了我原本对低收入人群先入为主的偏见，公共租赁住房社区还有第三个特征——警察的出现（无论是实际在场，还是象征意义上的存在），也加剧了不安全、危险的感觉，以及低信任度和被监视的氛围。与非租住社区相比，一个人在租住社区里会更频繁地看见警车和警察。居民还告诉我，周围总是有警察和缉毒人员。租住社区中的告示牌和海报也持续提醒人们潜伏的危险，以及日常生活中随时可能遇到的严重问题。

社区中提醒居民注意非法高利贷危险性的海报。

放置在组屋楼下的告示牌，
因为此处曾有居民因无力还债而遭到高利贷骚扰。
由张优远于 2013 年拍摄。

警察和这些告示牌、海报在公租组屋社区的存在程度高于其他社区，可能有经验上合理的理由。也许比起其他社区，这里有更多事件需要警察的关注（当然也有可能是因为警察的存在，一些轻微的违规行为在这里也比在其他社区更容易被发现）。尽管如此，人们还是不得不怀疑，当一个社区中的大部分人口是守法公民时，是否有必要制造这种明显的紧张和不安全感。更尖锐的问题是，如果我们每日见到的各种标识、海报会影响我们的自我认知，并在实质上使我们思考自己的行为和习惯，那么当人们只能得

第二章　日常生活 | 031

到自己周遭是各类犯罪和问题的信息时，他们会得到什么暗示？尤其是对于在这些社区中长大的孩子而言，被这些提示他们不要这样或那样做的信息所包围，究竟会产生什么效果？

这一点在我陪同来自英国的访客路过"普通"社区的时候击中了我。其中一位访客兴高采烈地说，这里到处都是令人振奋的标语。我笑着说："对，在新加坡有很多关于'美德'的呼吁。"她赞叹道："对，美德。"

（左）公租组屋的电梯。由张优远于 2015 年拍摄。
（右）自有住宅区的电梯。由黄国和（Ng Kok Hoe）于 2016 年提供。

那时我已经开始拍摄公租组屋社区的照片，注意到了社区内的这些标识中蕴含的强烈负面意味。她的观察立刻让我留意到租住社区和自有社区之间的差异：一边是不要（借高利贷）；另一边是要（爬楼梯以保持健康！）。一方面是一张威胁性的图片；另一方面是一张状态良好的图片。住在自有社区的居民有时同样也会在电梯门上看到高利贷海报，因此这些海报并不仅针对租住社区的居民。然而，在我三年的田野工作中，当我在租住社区等待电梯时，我无法回忆起除了"1800-X-AH-LONG"[①]之外的海报。在这些社区中，海报和这位来自英国的朋友观察到的令人振奋的"美德呼吁"毫无关联。[②]

想象一个每天从学校回来搭这种电梯的小孩，想象你自己是这个小孩，在这个低收入的租赁组屋中长大意味着每一天都要沉浸在这种被负面信息包围的环境中。

[①] "Ah Long"即"大耳窿"，为高利贷的意思。
[②] 我在2016年向建屋发展局的人员提及这个关于标志标语的观察对比，当时的感觉是他们从来没想过这件事，不过在我提出这点后，他们也发现其中的显著不同。

租赁屋内部

一房户型公租组屋的厨房和盥洗间。由张优远于 2014 年拍摄。

正如人们所预料的那样,房屋内部的维护方式存在差异。有些是家具简朴;有些是杂乱无章;大多数都很干净,但也有些很脏。一些居民对他们的家非常自豪:他们保持家里干净,精心装饰。有些人很有艺术天赋,会在墙上画壁画,或使用模具来创造彩绘图案,以装点他们的小空间。

虽然有这些差异,但所有的居民都必须在这个非常有限的空间中建构他们的家庭生活。① 缺乏卧室意味着客厅通常也要兼作睡眠区域。非常多的家庭只在客厅放了几件家具，因为需要空出地方来睡觉。一些人使用白天可以折叠和放在一边、晚上可以铺出来的 tilam（一种床垫）。一些人使用垫子或直接睡在地板上，没有任何柔软的覆盖物。另一些人则在夜间把沙发变成床。非常少的家庭会有能坐下全家人的全尺寸餐桌。在有餐桌的家庭，由于空间狭窄通常一次只能坐下两三个人；更常见的情况是，人们使用可折叠的餐桌。当空间有限时，能把东西移开是非常重要的。

　　人们拥有的家具反映出新加坡社会的浪费行为——一些收入有限的人拥有成色极好的家具，因为富裕的新加坡人会扔掉仍然很新的物件。在这些狭窄的房屋里，我有时会看到漂亮的木雕椅子、花哨的床架和精工细作的沙发，这些家具虽然老旧但是做工精良。正如社会工作者经常指出的那样，这里的居民也经常拥有平板电视。

*

　　电视特别值得一提。在新加坡和其他地方，人们经常

---

① 根据黄国和针对建屋发展局公租组屋的调查，最常见的家庭类型是成年人和他们的小孩同住，其中 1/4 的家庭成员是 4 个或 4 个以上。详见 Ng（2017）。

说，低收入者或许并不像他们宣称的那般贫困，或者他们做的一些选择看起来不够周全……因为他们拥有很大屏幕的电视。我从我采访的社工以及和低收入家庭打交道的机构志愿者口中听到了这个说法。这些话语常常以一种轻描淡写的，或者略带玩笑的方式说出，而非意味深长或带有恶意的意味，类似于"他们拥有的电视比我的大"。同样，我也注意到几乎每一个我所拜访的家庭都有一台电视，有时候电视还相当大。有个普遍的说法是低收入家庭常常从家具／电器的连锁店购买电器，因为这些地方支持分期付款计划。当人们提到这一点时，他们时常暗示这些购买者不谨慎节约会导致入不敷出。一些家庭确实通过分期付款的方式买东西，其后果是产生了难以偿还的债务；然而，若因此就说他们轻率是不公正的，更准确地说，在这种收入条件下，他们很难满足某些自身的重要需求。

　　一种获取家中所需物品的常见方式是通过捐赠或者二手市场，这些物品包括电视、冰箱、洗衣机、沙发、床和书桌。新加坡的有钱人购买新的电器和家具，例如，在目前的设备损坏之前升级至分辨率更高的电视。我所拜访的人家中许多的电器和家具跟他们的收入水平并不匹配。虽然有些人是通过分期付款计划购得这些物件，但很多人告诉我："这个是来自××（这个机构）……另一个是××

（那个机构）给我的。"更年轻、更精通网络的人在转售网站中找到这些东西。带着旧衣服、家具或其他旧物件来到"救世军"（Salvation Army）的人会知道，物件在捐赠物收集处堆积如山。因此，拥有电视，包括大屏电视，告诉我们的不是低收入家庭做出了"糟糕的选择"，而是我们社会的高消费和浪费。

在 2017 年的新加坡，电视并不是奢侈品。它是每个家庭都有的家用电器；一些家庭甚至拥有不止一台。当我拜访低收入家庭的时候，电视几乎总是开着。在我拜访和谈话期间，它通常会一直开着，但会被调到一个比较低的音量。人们通常不会订阅付费的有线电视，所以他们看马来语、泰米尔语或汉语普通话的公共频道。在一些家庭中，人们通过互联网播放节目。这里的关键是：电视在低收入者的日常生活中扮演了一个重要的角色，也许比对高收入人群而言更加重要。新加坡是个消费昂贵的城市，只要外出就会涉及花销——孩子要求购买东西，支付餐饮费用、交通费用或者景点的门票和入场费。家长担心社区里的不良影响，但没有其他爱好、没有玩具和游戏，让孩子待在家里是一件很无聊的事。因此，电视是一种非常重要的娱乐。在冰箱和洗衣机（通常是捐赠的）之外，电视机或许是一个低收入家庭里最重要的家电之一。

*

因为房屋的面积太小以及希望节省电费，一些居民在家时会把灯关掉，并把他们的大门打开。为了保持一定的私密性，他们有时候会拉上窗帘或者把木质的百叶窗关上。在我早期的田野笔记中，我常常提到门口的这些掩挡物。

人们梦想着搬出去的主要原因之一是为他们日益长大的孩子寻求多一些空间。个人的、私密的空间在这个如此小的房屋中非常难以实现。那些有不止一个孩子的家庭，家长和孩子都没有属于自己的房间。非常多的居民，尤其是那些有青春期女孩的家庭，想出了非常多创造私密空间的创新方式。他们在双层床的下层挂上窗帘。他们使用书架或者橱柜作为隔断墙。在后面的章节中，我会进一步描述空间与管教孩子之间的关系；简单来说，这种空间的缺乏可能导致一些青少年在外游荡，让家庭关系变得紧张和困难。

存放私人物品的个人空间同样也是有限的。我遇到过妈妈们讲述她们在整理小孩物品时对他们咆哮的场景。对家庭成员来说，整洁成为一种必需品质，因为每个人出于多样的目的，对空间有非常多的需求。这同样也成为家庭内部矛盾和争辩的根源。有限的空间会持续产生家务和压力。

  房屋内有限的空间意味着有物品会被放在公共空间当中。例如，衣服通常被晾在走廊的衣架上；鞋柜也很常见，虽然在一些情况下人们会抱怨鞋子被偷走；自行车和孩子们的滑板车也同样沿着走廊停放，有着类似的被偷走的风险。为了理解为什么在租住社区中往往有更多东西被遗留在公共区域里，我们必须意识到这些人所处室内空间的有限性。

  当我做田野调查工作，去受访者家中拜访的时候，我也常常被自己的经历所震惊。老旧楼房糟糕的空气流通环境创造了一个幽闭恐惧、令人窒息的气氛。当我待在屋里并且门突然被风合上的时候，我觉得自己被困在一个狭小黑暗的空间里。2013年，当雾霾报复式地袭击了新加坡——空气质量如此糟糕以至于每天鼻子里都充满了烟味、眼睛充满刺痛感。我记得自己舒适的、经过空气净化的办公室和我所拜访的家庭之间形成了鲜明对比。[1]

  我也同样震惊于遇见的营养不良的人，他们会提起自己如何时不时地缺少购买食物的钱；也震惊于人们选择自

---

[1] 正如社会学家所揭示的，天然灾害和自然环境恶化并非机会平等的现象，例如详见 Somers（2008）；Klinenberg（2015）。

己少吃几顿而使孩子可以吃得更多一点。在我早期的田野笔记中，我持续地表达了这种震惊。如果把这些体验转移到我社交圈中人们的生活上，很多事情都会被当成紧急危机。在我开始这项工作的最初几个月，我无法停止讨论臭虫。但对我的受访者们而言，这和其他事情一样，只是他们日常生活中的一部分。

置身大环境：需求是什么，它们如何社会化？

在当地报纸刊登的（私人）住宅楼盘广告。由张优远于 2015 年拍摄。

人类是具有高度适应性的生物。虽然很多人梦想着搬出去，但普遍来说人们会继续将就住在里面。他们采取一系列的措施以使得公租组屋体验起来更舒适。对那些曾经体验过无家可归的人来说，拥有一个他们随时可以睡觉、可以做饭和感到安全的地方已经是一种进步。

当我向人们说起我的研究，一些人会告诉我：至少他们没有无家可归。这是事实，而且很重要。但是，生活在这个环境中意味着成为当代典型新加坡生活模式的局外人。住在建屋发展局的公租组屋的低收入群体有着重要的未满足的需求。为了重视这件事，我们需要把这些公租组屋放置在更大的当代新加坡的社会环境中来看待。

我的受访者们所住的这些组屋，以及建屋发展局的一般组屋，其周围通常都是业主自住住宅。这些住宅的面积更大，建筑密度更低。在走廊和底层设备层等公共区域，尤其是在一个相对老旧的社区，业主自住住宅和租住住宅之间存在显而易见的差别。前者会显得更干净，更明亮，空间更大。住在租住住宅的人可以每天看见并意识到他们的家是在这些常见模式之外的。

居住在当代新加坡，我们被消费主义所包围。我们的环境里充斥着购物商城、广告以及拥有各种大牌商品的人——从背包到运动鞋，从手提包到手机。一条地铁①线路常常以购物中心作为开始或结束的站点。一个单身母亲曾经告诉我，她很害怕经过一个她家附近的商场——因为她6岁的女儿会要求她"买这个，买那个"。身处消费主义文化中而没有钱意味着被持续提醒自己无法满足孩子的渴望。

我在田野调查工作中遇到的许多人都从事服务行业，他们做清洁保洁，做加油站售货员，在酒店、商场和公寓做清洁工，送食物外卖，做搬家工，做收银员。日常，他们和比他们有钱的人打交道。虽然在这些环境中，高收入者对这些低收入人群经常视而不见，但对于那些以服务为工作的低收入人群来说，显然是不能无视高收入者的。当父母没法找到另外的照料者的时候，低收入家庭的孩子有时会跟着父母去上班；我遇到过一个跟着妈妈来到工作地点的女孩，妈妈有时会带着孩子一起打扫房屋，这位妈妈告诉我，在去监狱探视爸爸的时候，小女孩向爸爸描述了私人住宅楼中的游泳池。对于成人和孩子来说都一样，这种对自己拥有更少、更微不足道的感受是很强烈的。

生活模式具有强大的影响力。我们倾向于把自己想成

---

① 轨道交通工具，如地铁、轻轨等（Mass Rapid Transit，MRT）。

是独立的思考者，作为人类我们可以决定自己想要什么并且实践。但事实是，正如我在早期研究和近期工作中所发现的那样，我们关于可能性、渴望、自我概念，都深深地被我们所处的社会环境影响着。在新加坡，人们极端强烈地感知到这里有一种单一的"正常"生活路径：上学、获得学历证书、找到好工作、积累公积金储蓄、结识一个潜在的生活伴侣、排队买房子、用每月薪水累积的公积金账户支付房屋贷款、登记结婚、举办婚礼、搬进房子、生两三个小孩、照顾年迈的父母。这些规范是新加坡人在讨论特定的政策和规章条例的时候，在无数的不同政府机构和实际行动者之间的互动中产生的。这些互动在过去多年间重复了无数次，以至于人们理解并且接受以这个路径为"正常"规范。用一个新加坡中产阶层的话说，这是一种"正常的新加坡生活方式"。[1]

按照目前版本的人生轨迹——上学、就业、成立家庭——被框定为是正常的，那么低收入的人群就会被塑造成偏离者。当他们申请建屋发展局的公租组屋、申请公共援助，或者跟社工互动的时候，他们经常会被提醒自己与其他人并不一样。

---

[1] Teo（2011）。

建屋发展局无意驱逐任何人。申请一个公租组屋很难，但一旦申请成功，申请人不太可能被驱逐。令人惊讶的是，我直到近期才知道这件事。在我拜访居住在公租组屋的受访者的这三年间，我感知到了他们对住房情况的不安和不稳定感。人们会谈论这些房子并不是真的属于他们；他们担心拖欠租金；他们提及想要买自己的房子以便当任何意外发生时孩子不会无家可归。他们也告诉我他们亲眼看见邻居的东西被从公租组屋中搬走、人被锁在门外。有一些受访者向我展示了他们在很多个月没有支付租金之后收到的信件；当我读信的时候，这些听起来像是驱逐通知。我拜访的建屋发展局员工则对公租组屋社区的人所感受到的不安全感相当震惊。对他们来说，在他们的立场上，他们没有任何意图要让任何人流浪街头，既然建屋发展局无意驱逐他们，为什么公租组屋租客却如此坚持地提及不安全感呢？

答案需要回到生活脉络当中。首先，他们经历和目睹过无家可归。其次，他们有关于建屋发展局的规则、运作流程的实际互动经历。最后，关于房屋所有权的普遍信念。

为什么我们会感受到所感受的东西，并且相信我们所相信的东西？其实是我们关于这个世界的具体经验、所见的身边人的遭遇，塑造了我们的感受和信念。

对于我所遇见的这些人来说，无家可归不是一种遥远的、抽象的概念。[1] 很多人曾经以某种形式体验过无家可归：有些人曾经住在公园的帐篷里或者车里；也有些人不得不投靠亲戚；当各个亲戚都不再欢迎他们的时候，他们不得不从一个地方搬到另一个地方。非常多受访家庭里都有成员因为环境——家庭、就业或者健康状况——的变化经历过搬家。有位女性受访者向我描述，当她最终搬进了公租组屋之后心情是何等宽慰。此前持续数年，她都睡在她父母住的收容所的单元房的客厅里。由于那个单元房还与另一个家庭共享，她必须找其他人都不在的时间去睡觉，这样她才不会因为自己——作为一名女性——睡觉的模样而感到尴尬。当一个人有着居无定所、持续多次搬家的生命体验，他们自然会在租住社区的生活中带上强烈的不安全感。基于这些过往的生命经历，有安全感才是不合理的。

虽然建屋发展局无意使任何人无家可归，它的流程体验起来却并不如此。公租组屋的租户们需要周期性地续

---

[1] 根据最近的街头调查，一群社工和义工仅一个晚上就在 25 处发现 180 人露宿在街上。详见 Neo and Ng（2017）；Paulo and Goh（2017）；Kok（2017）。新加坡的露宿者问题可能不像其他城市那么严重，不过露宿者依然存在，许多组屋的房客在这方面都有第一手的知识或经历。

租。①各类文件，尤其是与就业收入相关的文件必须提交。如果收入增加，则租金也上涨。我的许多受访者抱怨：他们努力工作，想要得到更好的收入，但租金一增长，收入增长就被快速抵消。频繁的续租流程让人们觉得他们的住房状况无法掌控、缺乏保障。非常多的人都有拖欠租金的情况，他们收到的信件会增加他们的焦虑和不安全感。

拥有自己的住房在新加坡是非常普遍的情况，这也让安全感仅能来自拥有房屋所有权的信念广为流传。这种信念可能未必完全正确，但有非常多的人相信它。住房系统和房地产市场也确实有赖于人们持有这种信念。虽然我拜访的很多人可能买不起自己的房子，但他们也确实作为社会的一分子共享着这种规范性信念。

在这个世界上人均收入最高的城市之一，有些人仍然生活在我所描述的环境之中。由于住房过于狭小，他们无法为父母和孩子分别提供卧室；他们担忧变成无家可归的流浪汉；他们每月总会在某个时刻缺钱；他们生活在如此

---

① 根据建屋发展局的公共出租组屋计划，租约必须每两年续签一次。如果所有房客都年满60岁，则是每三年续签一次。根据建屋发展局的临时租屋计划，从2009年至2011年，租约是每半年续签一次，从2011年开始则是每年续签一次。

密集的空间中以至于垃圾和臭虫成为长期存在的问题；他们主要的娱乐方式是看电视；他们日常不断地被传单或标语提醒他们的社区有多危险；他们不怎么开灯因为想要节约电费；他们只能烧热水给孩子洗热水澡；他们的房子里充满了富人丢弃的旧物件。

我们必须将这些景象融入新加坡拥有闪亮的购物中心、豪华跑车、苹果手机和路易·威登名牌包包的同一个画面中。作为"高度宜居城市"的新加坡、拥有最高的国际学生能力评估项目（PISA）分数、亚洲最好的大学、最高的住宅房屋自有率，而在公租组屋中的极度贫困的生活条件、缺乏安全感和尊严，这些也都是新加坡真实的日常生活。

命名此城。由张优远于 2015 年拍摄。

描述美国和欧洲城市中的低收入社区时，华康德（Loïc Wacquant）认为这种"区域污名化"对人的感受和行动产生了巨大的负面影响。[①] 当一个地区被污名化，例如，被贴上年久失修、住户普遍是失败者、缺少资源的标签时，其居民会发展出相互疏远和相互诋毁、退回到私人领域并尽可能地逃离该社区的应对机制。把一部分社区从广大的城市中剥离出来，伤害了社区内部的关系和住户关于自身社会价值的认同感。

在新加坡，低收入群体的租赁房不是像其他城市那样极端的贫民窟化的空间，在获得干净的水、电、便利设施和交通设施这些层面上，我的受访者们并没有在物理条件上失去这些东西的可得性。然而，他们所处的空间仍然是不舒适的。更重要的是，这些空间令他们处于一种常态的社会大环境之外。

我们如何睡觉、在哪里醒来、洗澡水洒在皮肤上的感受如何、是感到饥饿还是饱腹、我们日常谈论的话题、我们离开家时所看见的东西、我们回家时闻到的气味如何，这些是我们的真实生活。也许从一个远观视角看，新加坡并没有如同其他城市那般严峻的住房问题。但人们并不是

---

① Wacquant（2010）；Wacquant（2016）。

采用远观或者俯视的视角在生活。我们每天生活在日常的、真实的现实之中。我们每一天、每一个小时和每一分钟都在经历着不平等。

第三章
工作与生活的平衡不应是阶层特权

　　这部分内容要从娜娜（Nana）的故事说起。2014年，我们第一次见面的时候，她正在一家女士饰品店做销售。她的妆容精致低调，举止热情友好，性格十分开朗。这些特质都让她在销售工作中非常出色。当我们初次遇见时，她37岁，有3个小孩，分别是12岁、10岁和7岁。因为她的生活非常忙碌，所以我们的好几次谈话都在她工作的店里进行，她在生意不忙的时候站在收银台前跟我交流。

　　我们的谈话从她希望能为孩子们支付补习费开始。他们在学校里表现不佳——两个大孩子持续地数学不及格。跟今天新加坡的许多家长一样，她发现现在的家庭作业已经比她的学生时代要难得多。她没有办法直接辅导她的小孩。在了解到补习费用之后，她知道她不可能供得起所有孩子补习。像其他的上班族家长一样，当小朋友下午放学回家时她还在工作，于是她只能打电话询问他们是否吃了午饭，并且提醒他们完成家庭作业而已。

一次她通电话时我正好在旁边，她告诉我她非常担心他们没法在学校跟上课业。在她和她先生工作的时间，由她妈妈帮忙照看孩子们；这让她备感安慰。很多我访谈过的其他人没有这样稳定的照护者。然而，即使有了妈妈的帮助，她也觉得并不是每一个小孩都得到了她希望的照顾。她最小的小孩刚进小学，在适应新环境上遇到一些困难。即使学校允许家长在特定时段来学校陪伴孩子，但出于工作原因，娜娜也无法前往。她感到内疚，尤其是自从她的女儿注意到其他同学的妈妈会去之后。

持续拥有一份能挣钱的工作对于家庭幸福非常重要，所以她没法放下工作。除了她的三个小孩以外，她也在供养她70岁的母亲。她丈夫的工作在过去几年里都不太稳定。早先，他曾经是一个优秀的蓝领工人，但一次严重工伤使他无法继续工作。而在他失业之后，整个家庭的状况每况愈下。当她向我描述起丈夫失去稳定工作和收入后的那段黑暗日子，她的眼眶几度湿润。他们失去了自己的公租组屋，从一个亲戚家搬到另一个亲戚家。每生活一段时间，关系紧张的局面都会再次出现。

有段时间他们住在一个临时出租的租赁房里。环境非常糟糕——没有铺地板、没有闸门，①他们不得不跟另一个家庭共用那个两室的房屋。浴室的地板是"如此恶心"，以至于她的孩子们不穿拖鞋不肯进去。而他们最终仍因为无力支付房租而再次被驱逐，住进了一个租来的货车里。每天晚上，他们把车停在一个海滩公园。丈夫睡在前座，而她和母亲及三个小孩则睡在后车厢。警察有时候会过来询问他们在货车里做什么，他们不得不撒谎说他们正打算去钓鱼。

这是一段糟糕的、充满压力的经历。她担心自己的小孩会被带走。每天早上，她带他们去公共厕所，孩子们不得不在凌晨4点洗冷水澡，然后去上学。娜娜那时候在一家时尚女装连锁店工作，在工作场所中必须打扮得干净整洁。她的一些同事知道她正在遭遇艰难时刻，会给她带一些给孩子的食物。但也有同事在背后说她闲话，抱怨说"娜娜怎么总是有问题"，这也令她感到难过。她提到这段时间她和她妈妈总是"断食"。她的孩子们没有抱怨，但他们确实变得更加消瘦了。

当娜娜叙述这些遭遇时，并没有怨天尤人。相反，她

---

① 大多数组屋都同时有闸门和房门。闸门能让居民多一层安全感，而为了通风和采光可打开靠近内侧的房门（而不打开闸门），这样就不必担心陌生人闯入或幼儿跑出去。

经常着重强调那些曾经帮助她们一家人的善意的人——一个在听说他们住在卡车里之后把自己的公租组屋租给他们的保安；一个带食物给她小孩的同事；一个隔段时间就让她带衣服去她房间熨的妈妈的朋友。

*

娜娜的故事并不罕见。在三年里，我听到了无数拥有不同细节但主题相似的生存故事。这些故事与我们所熟知、所想象的那个新加坡存在着巨大的差异，震撼人心。无家可归、饥肠辘辘、凌晨四点在公共厕所洗冷水澡——当我们想起新加坡时，这些并不是我们脑海中会出现的画面。

然而，感到震惊并不是重点。这些故事我听得越多，越感到与我交谈的人跟我并非如此不同。即使阶层有差异，我跟我的受访者共享的仍然是同一种社会大背景。在这个大背景里，育儿是一项孤独的活动——局限于核心家庭的边界内。对她们、对我而言，育儿都是在紧张的时间压力下进行的，在和工作争夺着我们的时间和精力。[1] 最终，我们都共享了同一种紧迫感：作为父母，我们的核心责任是确保孩子在校园中的成功。这来源于我们认为学业上的

---

[1] 此问题并非新加坡独有。例如详见 Clawson and Gerstel（2014）；Le Bihan, Knijn and Martin（2014）。

成功与工作前景相关，以及在新加坡的良好生活有赖于找到一份收入丰厚的工作。

在应对这些共同需求时，我们的现实情况有所不同：当我跟低收入的父母交流时，我注意到，由于物质条件的差异，我们采取了不同的策略去应对挑战。

*

一旦提到孩子，跟陌生人交流就没有那么困难了。问一个简单的问题——你孩子最近好吗——就能清除障碍、打开交流。在我的研究中，有一个核心发现值得一开始就明确：孩子是人们生活、身份认同、努力和决策的中心。当父母应对捉襟见肘的经济状况和生活的窘困时，孩子往往都会被放在第一优先级。

当我从一个研究者身份切换为自己社交圈中的一员时，我发现结论很近似：父母花费大量的时间思考、谈论并且担忧他们的小孩。当我从受访者社区的闯入者变成我自己社区的居民时，这两个阶层世界里父母们的希望和孩子们的成长的图景，逐渐融合又分化。照护者和工资收入者——妈妈、祖母、邻居、家政工人、父亲、长兄长姐或堂兄堂姐、幼教老师、社工——的形象相互交织又分化出不同的模式。无论阶层如何，我们面临着相似的对照护和尊严的需要。然而，我们日常满足这些需要的方式非常不同。本章的剩余部分将讨论这种不同具体如何呈现，而又何以产生。

这就是育儿的现实

对于有着 6 岁及以下小孩的父母来说，每日的生活都非常忙碌。幼儿需要成人时刻的陪伴和看管。他们需要各方面的照顾——从洗漱到喂食，从穿衣到帮助他们四处走动。确保孩子们健康成长是一桩全天候的任务。

不出所料，当我跟有幼儿的家长交谈，所有事情的先决条件就是需要一直有人在小孩身边紧密照护和看管。为了从事有薪工作，或是为了去市场买菜或办事，又或是送年纪较大的小孩去某个地方，去参加社区活动，妈妈（有时候是爸爸）会谈起她们要么不得不在去忙的时候找一个人来照看孩子，要么把小孩带在身边。当我在田野调查社区里走动，并且遇到这些慢慢熟悉起来的受访对象的时候，这个先决条件变得更加显而易见：成年人带着小朋友去附近的商店或者邮局取东西；当父母外出工作或者办事时，年岁较大的孩子（有时候他们自己也才只有 8 岁）牵着更小的弟弟妹妹。如果她们的工作时间在小孩放学后，或者当小孩生病了无法去托儿所或者幼儿园时，一些从事家政工作的母亲会带上她们的孩子去工作。

对于年幼小朋友的家长（通常来说是母亲）而言，每日的生活无疑是全天无休的忙碌。然而，这些日常的育儿劳动并不显见。

中产阶层的家庭主妇对这种感觉深有体会：如果被问到她们一天都做了些什么，她们常常觉得没什么可说的。把时间花在做家务和照顾年幼的孩童上，意味着在不断地做这样或那样的琐事。全职工作的父母——无论是男性还是女性——常常会质疑这些在家的女性整天都在做什么。毕竟，我们也在照顾孩子、做家务、跑腿和管理日程。作为父母，特别是作为母亲，为了维护我们的骄傲，我们不愿意承认一天中有许多时间我们其实不在家，因此有许多日常活动是别人——通常是其他妇女——在代替我们完成。只有为家务劳动和照护劳动付费的女性或者男性——无论劳动形式是住家用人、兼职清洁工、计时保姆，甚至是洗衣和送餐服务——能诚实地、充分地计算维持家庭和照顾儿童所涉及的劳动，我们将会对维持日常生活和健康所需投入的大量时间和精力有更准确的概念。[1]

---

[1] 在女性主义学术圈中有学者指出家务工作、照护工作以及更广泛意义上的社会在生产过程中的中心性及不可见性这样的传统。例如详见 Razavi（2007）；Orloff（1996）；Laslett and Brenner（1989）；Kofman（2012）；Glazer（1984）；Hochschild and Machung（1989）。

收入有限的人并不会外包这些家务和照护劳动。邻居和大家庭的成员们往往构成重要的支持系统。然而，邻居和大家庭成员本身往往也是低收入者，有自己要承受的压力和挑战，因此他们提供的支持也往往是不稳定的。

低收入也意味着花费更多的时间精力在特定的事务上：更频繁地去市场采购，因为大量储物需要充沛的现金；频繁地定期去邮局给现金卡充值以预付水电费，因为过去有欠款意味着他们不能积累到每个月末支付；去银行现场支付账单，而有钱人使用网上银行或预先安排定期扣款；与社工或孩子的老师见面。

当我与有年幼孩子的父母交谈时，我经常注意到他们的压力。他们手头拮据。很多人谈到想要找个收入更高的工作。但是，他们很难找到一份"好"工作。这里的"好"意味着工作时间能够让他们同时兼顾做饭、清洁和照顾孩子；这里的"好"意味着足够的稳定性和灵活性，这样他们就不必为谁来照顾孩子而奔波；这里的"好"意味着工资能够让他们实际上过得更好，而不是在机会成本的作用下让他们差不多维持原状。

当无法花钱请一位有偿的照护者时，这些家庭很难为孩子找到可靠又稳定的照护。低收入家庭的父母能找到的主要照护形式是政府的儿童照护中心。在这里，国家补贴确保费用低到低收入家庭可以承受的程度。整体上，政府的儿童照护中心这个选项已经比十年前更容易申请到了。然而，一些问题仍然存在。首先，为了有资格获得全额补贴，母亲们必须有工作。这是一个循环问题：没有育儿方面的帮助，妇女就没有时间去寻找稳定的工作；没有稳定的工作，她们则无法把小孩送进托儿所。[①] 其次，地点也是一个问题。虽然新加坡的托儿所总数上供过于求，但他们并不一定就在家长们需要的地方。对低收入的家长来说，能在离家步行可达的地方找到托儿所是相当重要的。首先是因为他们需要节省在交通上的花费；其次，一个对中产阶层而言可能不会那么显眼的原因是，这种距离可以让其他的人——邻居、年长的小孩——在父母仍在工作的时候帮忙接送小孩。

值得注意的是，即使有托儿所，工作仍然很难维持，因为儿童照护的时间缺口——无论是每日的还是周期性的——仍然存在。由于托儿所的开放时间与父母工作的时间可能不一致，因此会出现每日的照护时间缺口。把小孩

[①] 这项规定有例外情况，社工可以为仍未就业的妇女写信争取，协助她们获得补贴。这种"逐案处理"的方式代表很多人不知道可以这么做，接受我采访的大多数母亲都提到托儿所补贴的就业规定。我不是从受访妈妈那里得知，而是从社工处得知可以写信争取的。如果大部分人不知道这个方法，它就不能算是选项之一。

送去托儿所往往不是问题,但在托儿所关门的时间(通常是晚上 7 点)把小孩接走则是一个挑战。对于夜班工作者来说,托儿所显然不能完全满足照护需要。周末也同样构成挑战。我遇见了一些去工作的时候不得不把小孩独自留在家中的家长,这造成了巨大的焦虑,使得他们在工作中也无法专注。一个受访女性曾对我讲述她不得不辞职的原因,而这些原因是那些有着多种儿童照护选项的人所难以想象的:她 10 岁的儿子可以自己走回家,但没有办法打开非常沉重的大门;即使一个照顾需求通过一种不甚令人满意的形式解决了(一个 10 岁的小孩独自在家),也会出现新的问题(这个小孩没有办法进入家门)。

　　除此之外,也有一些周期性的、相对经常发生的紧急情况。年幼的孩子,尤其是刚进托儿所那会儿,很容易生病。托儿所对于生病的儿童有着严格的规定,这完全可以理解。因此,孩子一生病,有很多天不得不待在家里。我自己的孩子,在去托儿所的第一年,差不多每三周就有两到三天的时间因生病待在家里。在重新安排工作时间或请假方面,低薪工人与其雇主的交涉空间往往非常有限。他们也往往不太可能从事可以远程办公的工作。因为处理紧急情况而不得不请假常常会造成压力,也是人们觉得别无选择而不得不辞职的原因之一。这种别无选择的感受发生在老板给他们造成压力的时刻，然而，即使老板对此表示理解和体谅，人们自己也会觉得自己并非好雇员，或者因为给同事造成了不便而感到内疚。在他们没能如常出勤的时候，一起工作的同事往往要承担更多。因此，即使有了托儿所，维持就业也同样非常棘手。

如果孩子们在幼儿园而不是托儿所，幼儿园的长假期也会给维持工作带来新的挑战：在3月和9月各放一周，6月放四周，11月和12月共放六周。跟能把孩子送进假期夏令营或者通过雇用看护者来填补假期照护缺口的高收入家庭不同，低收入家庭的学校假期常常是对于工作时间的重大干扰。

当孩子慢慢长大，处理日常生活琐事的能力增强，一些压力会逐渐减轻。通常来说，当他们7岁左右，他们已经不再需要持续的近距离监护：他们变得更加善于处理跟自己健康相关的危机，例如跌倒或者受伤；他们也能够自己上厕所、洗澡和吃饭，并且在一定程度上，或多或少能够照顾好自己的随身物品。低收入家庭的儿童实际上比高收入家庭的同龄人更能胜任上述事项。然而，在这个阶段，新的挑战也会出现。和能整日待在托儿所里的更小的孩子相比，小学只上半天。在白天，没有提供餐食，也不能洗澡。从这个意义上来说，小孩从托儿所进入小学时，家长会发现自己面临着新的照护缺口和财务负担。

在过去的几年中，越来越多的课后学生托管中心被设立起来。然而，目前许多家长说他们孩子的学校托管中心没有充足的名额，而校外的课后托管中心则涉及高昂的额外花费（如：校车）。重要的是，学生托管中心的组织方式通常很像学校：有严格的时间表，非常有限的自由玩耍空间，而且通常更专注于让孩子们做完学校作业。虽然父母通常认为这是好事——因为他们希望孩子们培养起做家庭作业的习惯——但孩子们自己有时却很抗拒。经历过儿童照护的人会了解，当儿童有抵触情绪时，会给成年人的日常生活带来情绪上的压力。他们可能会为同一个问题反复哭泣；可能会发脾气或楚楚可怜地哀求；也可能在以前能够完成的任务上退步。儿童有他们自己的喜好和意愿，忽视这些并不容易（也不可取）。在关于政策和儿童照护支持的抽象讨论中，这个问题并没有被提出。我在听父母谈论他们的孩子时发现，孩子的快乐问题往往是一个最受到重视的话题，也是女性放弃有薪工作的一个关键原因。家长们——无论阶层背景如何——都希望找到他们可以信任的、能让孩子舒适快乐的照护人员和照护安排。事实上，轻微的一次意外也有可能给孩子造成不快，使家长对照护人员或照护机构的价值产生怀疑。虽然，让父母一方失去薪资工作的方案对低收入家庭来说意味着更大的不幸，但考虑到儿童福祉的大局，这往往是更好的选择。

最后，对年幼的孩子来说，一个重要的照护缺口往往跟学校作业和学习成绩有关。在今日的新加坡，我们经常听到高学历女性会为了在小学离校考试（PSLE）[①]这一年陪伴孩子而辞去工作或请长假。我们非常熟悉在考试面前孩子们面临的压力以及父母的感受。在我的受访者中，我听到母亲们谈论她们辞掉工作的经历，有的是因为孩子们在每周的拼写测试中不及格，或者老师经常打电话跟她们沟通孩子在学校作业方面的问题。我也遇到许多其他家长，本身并没有受过高等教育，很难帮助孩子完成学校作业。尽管如此，他们仍然觉得自己必须做点什么。当他们不在孩子身边时，情况会更糟，因为孩子们根本不做家庭作业。虽然他们不能实际辅导孩子完成作业，但他们可以督促或唠叨。

当低收入者寻求公共援助时，他们经常被告知："把你的孩子放在托儿所／课后学生托管中心，然后找份工作。"抽象地讲，我们很难对这个建议提出异议。但是，一旦我

---

① 又称小六会考（Primary School Leaving Examination，PSLE），是由新加坡教育部举办的一项国家统一考试，以评估新加坡小学六年级学生升读中学课程的能力以及分配学生到合适的中学。

们考虑到具体情况——低质量的工作（低工资，难以掌控的时间，高压力）；定期和持续的照护缺口；儿童的健康和福祉；高强度的学业和重要的学校考试——我们会更清楚地看到为什么许多低收入妇女放弃就业。她们的孩子和高收入家庭的孩子一样，需要可靠、值得信赖的照顾者。她们也和经济条件较好的父母一样望子成龙，希望他们过上最好的人生。

有薪工作和照护责任——不能只谈一个而不谈另一个

在过去的几年里，我在受访者的家里度过了许多个下午。当我前去走访时，门几乎总是开着的，电视机也经常开着。当我们聊天时，总有人从他们所在单元的楼梯间来来往往，路过的邻居们会挥手点头，孩子们会到走廊上找朋友，边躲避着鞋子和植物，边在走廊上骑单车或者滑滑板，飞驰而过。邻居们有时会拿些食物过来；大家也会提到孩子被朋友、亲戚或邻居接走。可以感觉到在这些社区里存在着丰富的社会关系，其纽带似乎比富裕的社区更紧密。我在这些地方看到了给我留下深刻印象的温暖和慷慨：人们把钱借给别人，即使他们自己也很拮据；邻居们分享食物，而他们自己有时也会挨饿；妈妈们不仅接自己的孩子放学，也接邻居的孩子。

然而，尽管邻里之间如此慷慨互助，孩子们的照护缺口仍然存在。原因相当简单：人们的社会关系往往是与同阶层的人的联系。因此，尽管存在相互依赖和慷慨互助，但每个人都面临着生活的挑战。他们有自己的孩子需要照顾，有账单需要支付，有工作需要处理。在新加坡的中产阶层里，我们听说过照顾孩子的"典型"方式，其中一种是"女佣加母亲或婆婆"。[1] 而对于经济能力有限的人来说，能起作用的选项则是不同的。祖母、姑姑、表妹、姐妹、妯娌常常是照顾者。但她们往往有自己的责任，所以即使她们帮忙看护，也有一定程度的不稳定性和不规律性。经济条件较好的家庭能用有偿护理人员填补照护缺口——高收入家庭中祖母可以和女佣一起照顾孩子——在低收入家庭里却难以得到填补。

照护缺口问题的核心是薪资工作的质量，更具体地说，是新加坡低薪工作的质量。

作为一名女性主义学者，我倾向于指出女性就业的好处。拥有工资可以提高女性在家庭中的地位，工作和事业也给女性带来了尊重、自主权和决策权。事实上，许多女性告诉我，当她们自己有了一些钱，她们可以选择为孩子

---

[1] 作者在早期的研究中探讨过这些现象，详见 Teo（2011）。

或自己买东西，这给她们带来了巨大的满足感。然而，在过去的几年里，我也看到了低收入家庭的女性并不总是能体验到就业的好处——至少没有足够显著到来抵消孩子没有得到充分照顾的代价。

这里的一个主要问题是：就业和照护问题的典型框架是有阶层偏见的。作为一个社会，我们至今没有仔细研究低薪工人的就业质量，当我们谈论"工作与生活平衡"时，我们也明显无视了阶层差异。这些因素不仅存在于话语中。由于未能通过公共政策系统地考虑不同阶层家庭的需求，我们也未能了解和解决低收入家庭的巨大照护缺口。

在这里，一个比较的视角是具有启发性的。对比我和受访者的就业条件，我们看到了明显的差异。首先，在大多数时候，我可以预期在周一至周五的正常办公时间内工作，而许多低薪工人的工作班次每隔一段时间就会改变，并且不能保证固定的工作时间。例如，他们可能上一定数量的夜班，然后被安排上白班；或者他们可能在某个星期的某几日工作，然后在另一个星期被安排不同的时间。他们往往在被下发新时间表的前一周才知道自己的排班情况。这种不可预测性和无规律使得他们很难为照护需求做出计划。因此，大量的精力都花在考虑如何解决孩子的照顾需求上。他们经常面临的情况就像我在孩子学校放假时一样：我的很大一部分精力都花在计划孩子的事情上。我有很多优势：工作时间灵活（我可以在晚上或周末在家工作）；有一个工作时间同样灵活的伴侣；有一个值得信赖和可靠的保姆（我们有能力雇用她）；有可以随时求助的父母；有钱可以支付假期夏令营的费用。然而，它仍然占用了大量的时间和精力。这种劳动大部分涉及与各方的协调与谈判。做轮班工作、不得不处理换班产生的时间变动，这在组织照护时产生了额外的劳动。如果人们的工作是规律性的，就不必担心这种额外劳动。

不能固定的时间表就像漏水的屋顶，你堵住了一个孔，另一个就会出现。我们不应低估堵漏所需的时间和精力，以及它对人们造成的压力。

与此相关的是对时间的"掌控"概念。[1] 低收入者的工作时间不仅不固定，而且还不可预测，并完全受制于雇主的要求。正如学者们所指出的，弹性的工作主要是对雇主来说灵活，而不是对雇员。[2] 这不是一个仅限于低薪工人的现象，但在他们中间尤其普遍。正如丹·克劳森（Dan Clawson）和娜奥米·格斯特尔（Naomi Gerstel）所说，不规律性和不可预测性往往共生共存。从事低工资工作的工

---

[1] Clawson and Gerstel（2014）。

[2] Standing（2011）。

人往往被要求灵活地接受计划外的轮班。他们几乎没有讨价还价的筹码和能力。在缺乏可靠的有偿照护情况下，我的受访者们不得不争先恐后地请邻居帮忙，让年长的孩子代为照顾，或者把孩子单独留在家里。这些情况在那些工作有规律、可预测的人身上基本上是看不到的。

现在，我们必须开始讨论低薪职业的工作条件，才能够充分理解当一个人只能获得时间不规律、不可预测的有薪工作时，工作与生活的"平衡"有多么困难。

同样重要的是，要认识到形式性权利和实质性权利的重要性。低薪职业在这两方面都做得很差。

许多低薪工人是临时工，而不是长期员工。这意味着他们的休假福利有限甚至没有，而且他们只按在工作场所的工时获得报酬。即使在长期员工中，带薪休假或医疗保险等福利也往往与薪资水平挂钩，因此，低薪工人的福利水平也是极低的。

除了这些形式上的差异外，在权利的实质性执行方面也存在重要的差异。在我的工作中，我能够得到尊重，我从不怀疑我有权利请假来处理生活中的个人事务。我相信我的同事能够理解。我不会担心因为缺席几天而被扣工资、被训斥或受到其他惩罚。这种没有人会指责我的信念非常重要，它影响了我的行为方式和在多大程度上我能好好地处理自己的需求。正如荷兰的一项研究表明，愿意共情的老板和同事为员工在工作场所中的合理、稳定表现奠定了基调。①

当低薪工人需要照顾家庭时，他们往往会面临与中产阶层不同的状况。即使官方认可这些权利，实质上往往也无法实现。低薪工作的现实是工作者感到不安全和无能为力。他们不敢要求休假来照顾家庭需求。他们担心上司会对他们发火。他们从过往经验中习得，必须想办法避免被老板责骂甚至失去他们需要的工作。在我与低收入者的交谈中，对请假的恐惧和焦虑非常明显。

过往他们与上司、与老板接触的经验告诉他们，他们应该害怕、应该焦虑。例如，一位受访女士告诉我，她不得不拍摄了她的孩子生病住院的过程，因为她觉得她需要这个视频作为证明来请几个星期的假期。当我想到过往多次我的孩子生病时，我没有丝毫犹豫就请了假，其中的荒唐之处显而易见。我压根没有考虑过请假时我可能先需要证明我没有撒谎。

对低收入人群有两个关键的偏见：第一，他们有不同的"价值观"和"心态"，特别是在职业道德和养育子女方

---

① Knijn and Da Roit（2014）。

面。人们相信低收入者倾向于做出"错误的选择",使他们的贫困状况持续下去,特别是在养育子女方面。① 第二,他们宁可不工作,选择依赖国家支持。在这里,这种信念在公共政策中延续,这些政策将"依赖性"置于首要位置,认为这是应该避免的。② 这两种偏见在经验上是不准确的,而且对特定群体具有深刻的破坏性。

孩子和照护孩子是我的受访者们的生活中心。所有其他的做法和决定——工作、休闲、花销——都与父母认为什么做法对他们的孩子最好有关。所有的父母,无论哪个阶层,都是不完美的。当然,在任何阶层内部,父母与子女的关系也都有差异。但是,多年来,我对低收入父母不得不牺牲自己的舒适和幸福的程度感到震惊,其程度远远超过高收入的父母。在谈论他们的日常生活时,人们透露他们睡得很少,工作很多(无论是有薪工作、照护工作,还是家务工作);他们毫无怨言地谈论放弃自己的需求——比如节日的新衣服甚至只是吃顿饭——以便首先满足孩子的需求;在他们的皱眉和无奈的耸肩中,以及在偶尔发生的放弃和陷入绝望的故事中,我看到了这些牺牲对他们身

---

① 例如详见 Toh(2016)。作者对此文章写了一篇专栏评论回应,详见 Teo(2016a)。

② Teo(2013)。

心健康的损害。

低收入的父母不一定比高收入的父母做出更多的"错误的选择",但他们更多的做法会产生负面的结果。更准确的说法是,他们在管理金钱和照顾孩子上拥有的选项并不好。他们糟糕的就业条件是其中的核心,缺乏持续和无条件的公共照护支持则是另一个原因。这两件事应该让我们重新思考我们的偏见。

工作与生活的平衡不应是一种阶层特权

2012年,安妮·玛丽·斯洛特(Anne-Marie Slaughter)在《大西洋月刊》杂志上发表文章《为什么女性仍然不能拥有一切》,[①] 引发了激烈的辩论。斯洛特指出,女性在职场和家庭中面临的种种状况,使她们不可能完全"拥有一切"——这里的"一切"指的是婚姻、孩子和成功的事业。她建议通过增加政府中的女性人数,以及随之而来的性别敏感政策来改变这些状况。她认为,工作环境中的政策必须转变,以真正适应工作和家庭的需求。

虽然这篇文章是为北美读者写的,但斯洛特的文章也在新加坡被广泛阅读和讨论。事实上,2014年5月,学者、

---

① Slaughter(2012)。

公务员和企业领导人挤在新加坡管理大学的礼堂里热烈地欢迎了她。我了解个中详情是因为当时我也在现场,很期待听到她的演说。斯洛特的论点和提案得到了热切的支持。她提到工作与生活的平衡要求企业提供更加灵活的工作时间和职业发展轨迹,这一点尤其重要。

在这篇文章发表后,特蕾西·麦克米兰·柯顿(Tressie McMillan Cottom)提出了颇有说服力的反驳观点,[1] 她认为斯洛特的文章之所以有问题,并非因为它是错的,而是因为它只代表了女性经历中的一小部分。具体来说,由于主要关注公司和职业,它掩盖了那些既没有种族优势又没有阶层特权的女性的生活现实。柯顿还认为,在斯洛特的解决方案中,她过早地假定(白人、上流阶层)有权力的女性会成为这些特殊问题的解决方案,会有从有权力的妇女到权力较小的妇女的涓滴效应。

南希·弗雷泽(Nancy Fraser)在更广泛的层面上[2] 批评了将个人选择、自主权和职业发展放在首位的趋势,认为这种方法背离了早期女性运动的目标,即更广泛的社会公正、团结和参与性民主。这种关于妇女进步的思考方式主要关注个体可以做什么以改善自身的处境,而未能批判

---

[1] Cottom(2012)。
[2] Fraser(2013)。

新自由主义的去民主化和剥削倾向，甚至最终成为使其合法化的工具。

总之，柯顿和弗雷泽都提醒了我们，当问题从特定视角出发时，讨论通常会停留在既定框架内。

斯洛特在新加坡受到特权阶层听众的热烈欢迎并不令人惊讶。她所说的大部分内容都能与现有的、关于工作与生活平衡的论述产生共鸣：企业可以做得更多，以及男性必须站出来。这些观点并非不重要，但这种框架隐含地假定人们有"事业"（相较于有"工作"），以及家庭生活是一种已婚、双亲、双职工家庭的生活。值得称道的是，回应对其文章的批评，安妮·玛丽·斯洛特随后写了一本书明确地承认了女性内部的不平等。① 尽管如此，从（中上层）中产阶层的经验出发当成普遍化的倾向仍然存在。

存在中产阶层的偏见并没有错，这些经验也是真实的人的生活和困境。在中高收入的异性恋家庭中，女性承担的照护工作和家庭责任的确远比她们的丈夫要重得多。工作场所的政策和男性的行为还远没有发生足够重大的变化来纠正这种不平衡。而且我应该在这里指出，如果将视线聚焦在中产家庭与高收入家庭内部，他们面临的挑战也有

---

① Slaughter（2015）。

很大差异。在寻求工作与生活的平衡上，我们需要关注所有类型的家庭所面临的不同挑战。

尽管如此，还是要指出，中产阶层的偏见和这种普遍化的倾向在关于工作与生活平衡的公开讨论中是普遍存在的，而这是有问题的。从历史上看，将东南亚移民家政工人作为解决家务和照护需求的方法，意味着家政工作贬值和变得更加不被待见。自20世纪80年代以来，在新加坡，解决照护需求的主要方案是让东南亚移民家政工人住家工作。这项公共政策的早期理念是，通过雇用家政工人住家照顾孩子，从而让新加坡女性，特别是受过高等教育的女性能够参与就业。在过去的几十年里，住家工人的数量从1988年的40000人增加到2016年的239800人。随着人口的老龄化，公共政策也支持这种模式对老年人提供照料。

公共话语中隐含的人人都有"女佣"的假设，限制了人们——特别是那些有影响力的人——对工作与生活"平衡"问题的思考。在薪资工作条件差、没有付费照护的家庭中，要创造工作和生活平衡有多么复杂和困难则很少被讨论。

我们不能忘记，在新加坡女性作为母亲的价值方面，一直存在着阶层分化和优生学思想的丑陋历史。在国家话语和公共政策中，几十年来，受过高等教育的妇女都被认为是比受教育程度较低的妇女更有价值的母亲。① 这种未被言明，但却被广泛接受和制度化的阶层偏见——即贫困女性生育过多，富裕女性的孩子太少——阻碍了我们解决问题。为了克服这一历史包袱，必须进行明确的整理重估。

*

2016年年初，我再次碰见娜娜。在2014年那次谈话时，她怀着第四个孩子。现在她已经生完孩子，重新开始工作。现在她仍然为孩子们的学习成绩感到有压力，仍然无力支付他们的补课费，也仍然为工作和照顾孩子而疲惫不堪。但她也心怀感激，因为他们现在有了一个更稳定的住处，而且不再有债务。经过多年的不间断的搬家，她和她的丈夫终于成功买下了一套单元房。生活中的众多挑战依然存在，但令她感到欣慰的是，她的孩子终于可以正常上学了。这次，她也问起我的研究进展如何。我告诉她我最近发表了一篇专栏文章，她说想读，于是我把文章发给了她。这篇文章主要是讲低收入父母面临的挑战，他们如何深切地关爱自己的孩子，以及他们的困境更多是因为面对糟糕的"选项"而不是做出糟糕的"选择"。读完后，娜

---

① Teo（2016b）；Teo（2014）。

娜给我发了一条短信,说她希望这篇文章能"激励那些面临问题的人",让他们"坚持下去,继续做最好的自己。"

娜娜做到了,她活出了最好的自己。她和她的家人克服了重大的住房危机。我遇到的许多其他父母也在尽力而为——他们努力工作、确保餐桌上有食物,想办法满足孩子们的需求,拼凑出孩子的照护方案。他们在艰难的现实情境下,在需要做出真正牺牲的情境中,也仍然大方付出。

"做最好的自己"很少能在实质上使他们的生活得到持续改善。娜娜给我的短信展示出了我反复看到的一种精神:振作起来、继续坚持、尽力在自己身上寻找力量。我觉得娜娜很了不起——坚强、不懈、足智多谋、充满爱心和无私奉献。像我遇到的许多其他母亲一样,娜娜在我看来是个女超人。但是,成为"超级英雄"要付出巨大的代价,而且通常不能拯救危局。

娜娜的故事是一个许多人希望我讲的故事——经历了巨大的困难,坚持不懈,最后克服了逆境。但这并不是故事的终点。她在平衡工作和照护责任方面的困难依然持续存在;随着她的孩子成长为青少年和她的母亲渐渐衰老,这些困难甚至可能还会加剧。她会继续觉得自己为孩子们做了能做的一切,但这一切还远远不够。她仍然在需要一份工作和希望陪伴孩子之间徘徊。她的家庭,在改善家庭状况直至足以购买自己的住房上是非同寻常的，但仍然处于不稳定的状态中：一场疾病、一场事故、与老板的误解、失败的考试、青少年的叛逆——许多情境都可能将他们重新推向危机模式，因为仍然没有缓冲区来抵御这些日常生活的风险。娜娜成功地摆脱了困境，并不是因为她的就业环境和社会政策发生了变化，使她能够更好地履行各种责任。她在各种不利的条件下克服困难，娜娜的故事是值得称赞的，但这并不是制度的胜利。

照护的权利

我在 2016 年发表了一篇文章《不是每个人都有"女佣"》，其中提出了与本文相似的论点。鉴于这个标题，我必须指出，解决工作与生活平衡困境的办法不是让每个人都雇用家政工人。有偿的家政和护理服务可能会继续存在；事实上，我们还必须推动社会在认可、尊重和奖励照护劳动方面进行改进。指出在不同的阶层条件下的不同照护情况，是为了敦促我们为所有人改善条件，以便每个人都能更好地照护他人，而不是为了让任何人都能将照护责任交付给有偿护理人员。

当我还是个女孩、第一次接触到关于女性赋权的观念时，我把关注点集中在不限制自己的职业发展、不被家庭需求所束缚。作为一个幸运地获得了一些选择权但又不足够幸运到能生活在一个性别平等世界的女性,很多时候意味着要放弃一些我们想要的东西,与不能"拥有一切"和解。许多女性在协调事业、婚姻和育儿的过程中放弃了自己的梦想和理想。①

然而,以事业为中心的道路不应该被解读为对家庭和照护生活的拒绝。多年来,随着我对女性主义思潮的深入了解,随着我遇到更多比我年长或因阶层差异而与我生活不同的女性,随着我年岁和生活阅历的增长,我越来越意识到:我们的生活不是——也不应该是——局限于单一的、一维的目标,或者小范围的活动。我们都应该——无论男女、阶层——学会做好我们的工作,也学会换尿布、做饭、和孩子说话、洗衣服、帮助我们的邻居和朋友、购物、支付账单、玩耍;我们应该在所有的日子里,有时间学会爱与被爱。我们放弃平凡的生活,这将是对我们自己的伤害。

低收入父母并不是希望有别人来接管他们的家事。相反,家庭是他们的优先事项,无论他们被期望去做什么——包括就业——都必须让他们首先照顾家人的需要。

---

① 一些学者致力于研究不平等如何通过"私人领域"/家庭领域影响男性和女性在特定的专业领域中的发展,包括学术界。例如详见 Baker(2012)。

娜娜并不是想让别人代她去孩子的学校——她希望自己能够去。

我们通过日常生活的小事和各种人际关系使生活有了意义。这些都是潜在的美好时刻。它们使我们成为人类。拥有阶层特权的女性和男性倾向于拒绝家庭事务，因为我们清楚了解这是权力较小的领域——这种倾向导致我们放弃了太多，而我们必须把它拾回来。在这个过程中，我们还必须努力为每个人扩大空间，以满足他们的需求——做出真正的选择，参与平凡的事务，过上真实的生活，成为有血有肉的人。要做到这一点，我们需要不同阶层的劳动者都有合理的就业条件，以及没有阶层偏见、真正支持所有家庭的社会政策。

人不应该需要"超能力"才能够成为一个普通人。

第四章
我希望我的孩子比我强

在 2003 年、2004 年,那时我还是一名为了写论文而做研究的硕士生,我结识了一些中央刚开始步入成年生活的受访者。从他们那儿,我了解到了"新加坡式的成长方式"。我的许多受访者只比我大几岁。他们已经完成了学业,工作了一两年,积累了一些中央公积金,①有一个成长轨迹类似的伴侣。他们申请购买建屋发展局②的组屋,领了钥匙,在民政局做了婚姻登记,③并举行了婚礼。做完这一切后,他们就准备好了"组成一个新的家庭"。④

我问他们:当考虑生孩子时,人们需要考虑哪些方面?他们列出了另一套先决条件:对基本物质需求的"经济准备"——他们笑着说,尿布和奶粉"非常昂贵"。接着

---

① 中央公积金(Central Provident Fund,CPF)。
② 建屋发展局(Housing & Development Board,HDB)。
③ 婚姻登记(Registry of Marriage,ROM)。
④ 作者在 Teo(2011)中对此有详细回应。

他们逐渐严肃起来，告诉我他们自己小时候没有的东西，对现在的孩子已经是必需品——如补习班、兴趣班、钢琴和芭蕾舞等爱好。① 我在与受访者的交谈中感受到生孩子必须周密计划，夫妻双方必须确保有足够的钱。

当我听到这些关于新加坡的"正常"生活的描述时，我已经28岁了。一些受访者开玩笑让我加快动作，不要等太久才安定下来。我笑了，或者说我保持了礼貌的微笑。实际上，我觉得自己被排除在外了。在研究生院就读，意味着我可以推迟一些他们认为自然和正常的事情。在那个时候，我还不能完全理解为什么他们那么认真地坚持在有孩子之前就要做好一切准备。

快进十年到2013年。我坐在M女士的客厅，她向我描述了她生三个孩子的情况，用幽默的语言讲述了每个孩子出生的故事。她的孩子们，分别是12岁、10岁和8岁，是她生活的中心。尤其是她和她的女儿，常常会沟通对于未来的共同期望。这个女孩在学校表现很好，比她的哥哥和弟弟都好。她问妈妈在中学和新加坡技术教育学院（Institute of Technical Education，ITE）之后会读什么样的

---

① 他们还必须考虑照护安排，虽然这方面很少人明确提到要花多少钱，但是可能的选项包括祖母、帮佣和放弃就业的母亲，这些选项里的每一项都会产生经济成本。

学校？两人都不知道答案，但不管是什么，那是她想去的地方。在这间小房间里，妈妈回忆着她们曾经的谈话：女儿长大后要买房买车，让妈妈和她一起住，替她照顾小孩子。

M女士有一个非常艰难的童年。她的父亲在她6岁的时候去世了。母亲孤立无援，只好让她沿街乞讨。她最终从母亲的监护下被带走，被送进了一个名为"女孩之家"的救助站，并在那儿一直生活到18岁。21岁时，她结了婚，但丈夫出轨。当她怀上他们的第二个孩子时，她从他身边逃走了。后来她遇到了现任丈夫，结婚后又有了一个孩子。M女士希望她的孩子能在学校有好的学业表现。她的丈夫也对孩子们寄予厚望。和她一样，他也有过艰难的生活。他告诉我，"我希望他们比我过得好"，并以此解释为什么他是一个严格的父亲。

M女士和她丈夫的生活并不遵循十年前与我交谈的受访者所描述的步骤和顺序。他们对孩子的希望很高，但他们并没有把他们的未来想象成按部就班地在河流中踩着石头、步步前行。

在这个时刻，我已经结婚并有了一个孩子。我和我之前的受访者共享了相同的经验：不是指我把一切都计划得很好，而是在人生事件的一般顺序上，以及对于有一个孩子是多么重大的决定这一概念上,我们有类似的经验。同时,我也对我在低收入社区遇到的人相对随和的态度感到震惊。这并不意味着对他们来说生养孩子非常容易——他们面临着无数的困难,而是他们对生活的看法与我十年前采访的人不同,也与我自己周边的人不同:婚姻和孩子不是需要精确计划的事件。学校、工作、房子、婚姻、孩子,这些不是连续的人生五步计划的一部分。与低收入父母的交谈迫使我重新审视,在我社交圈内的人,对计划和控制的强烈需求。在低收入人群成为父母的故事中,我注意到故事里没有过多的焦虑感。我感受到的更多的是惊喜和接纳,他们把孩子看作是礼物,(或者对于更有宗教信仰的人)看作是福报。低收入者没有为了有孩子一定要准备好各种(经济)前提条件的观念。[1]

他们作为父母在日常生活中也保持了这种轻松感。正如美国社会学家安妮特·拉鲁(Annette Lareau)所说:对高社会阶层的父母来说,孩子是"项目"。[2] 他们有紧密安

---

[1] 如果要达到中产阶层受访者提到的先决条件后才生小孩,他们很可能永远不会生。埃丁(Edin)和凯法拉斯(Kefalas)认为,许多低收入的女性视怀孕生育为优先要务,因为这会给她们带来成就感并提升自我价值。在她们所处的环境下,很难从其他事情中得到相同的成就感。详见 Edin and Kefalas(2011)。

[2] Lareau(2011)。

排的日程表和协作活动；高收入的父母花大量时间和精力思考如何发掘孩子的"潜力"。而对工人阶层和穷人来说，拉鲁认为，养育孩子更多的是"完成自然成长"。这些家庭里首要关注的是孩子的安全和健康。此外，他们认为孩子应该是孩子——父母的意思是孩子应该有时间和空间去做他们自己的事情，去玩耍。这个部分是因为低收入的父母在他们的成年生活中经历了种种困顿，并希望保护他们的孩子免于在童年时陷入紧张的时间表和过度工作之中。在各种情况下，经济上的限制使他们无法把养育孩子当作项目。

拉鲁的研究结果对于理解新加坡受访者的过去和现在都很重要。在谈到成为父母意味着什么以及如何承担这一身份时，各阶层之间存在着鲜明的对比。所有阶层的父母都在谈论教育的重要性以及希望孩子在学校表现良好，但这在不同阶层的日常生活中却有着不同的表现。

我开始意识到，第一个故事（所谓的所有新加坡人都应该进入的生活轨迹）并不是一个普遍的故事，也不一定是唯一的生活方式。

又过了两年。截止到这时，我已经拜访过许多公租组屋的受访者。一天下午，我遇到了苏亚提（Suyati）。她来自印度尼西亚，自从与新加坡丈夫结婚后，就一直以长期社交访问签证（Long-Term Social Visit Pass）持有人的身份在新加坡生活。有好几年，她丈夫一直在坐牢。她每周靠着为几个家庭进行居家清洁，勉强维持生计。当她的女儿阿妮（Ani）不去学校（她生病或学校放假）期间，苏亚提把她带到工作的房子里。当她们去监狱探望她的丈夫时，阿妮会叽叽喳喳地跟父亲说话，告诉父亲她看到的私人住宅里的游泳池。作为长期访问签证的持有者，苏亚提实际上不能做有偿工作。[①] 通过做这些临时工作，她才得以勉强维持生计。

苏亚提的女儿，和我的女儿一样，当时也是 6 岁。我们聊到了孩子们明年小学入学的事。苏亚提非常担心错过入学期限。她的英语很差，也不知道如何在网上报名。她不知道阿妮进入他们家附近的学校是难是易。几个月后，当我要为女儿报名时，我打电话给她，确保她也已经为女儿报上名了。我试图减轻她的焦虑。但按照我从朋友那里了解到的事实，这个过程并非一直都简单明了。即使是那

---

① 除非她找到愿意向新加坡人力部（Ministry of Manpower）申请同意书的雇主，并获得批准。这种带有裁量性质的政策（也就是"逐案考虑"），必然有符合资格的申请者不知道有这个选项。此外，新加坡人力部做决策时考虑哪些因素，我们也不得而知，例如在它的网站上写其中一项规定是："不得从事可能引起非议的职业，例如舞女。"（Ministry of Manpower 2018）。

些对英语驾轻就熟、有充分信息渠道的家长也常常焦虑，也会担心孩子无法进入自己选的学校。

在我所处的环境中，事情进展得很顺利。我很快就被拉入我女儿小学的家长聊天群。通过群聊，我就这样无意地得到了一个密集育儿世界的入场券。在开学一周后的第一次家长会上，一位父亲举手询问"孩子们的整体水平"如何。同样作为一名教师，我为这位老师不得不应对这种无法回答的问题感到尴尬。为了回应家长们热切的关注，老师提到了希望家长帮助孩子完成每日学校课业的期待。事实上，在整个小学一年级，聊天群里热闹非凡——家长们，主要是母亲们，互相询问孩子第二天应该带哪些东西来学校；本周的拼写考试是哪一天；有没有人能分享一下拼写考试清单，因为自己小孩的找不到了。第一次拼写测试是在小学一年级的第二周进行的，而考试清单上甚至列入了"蝴蝶（butterfly）"和"毛毛虫（caterpillar）"这两个单词。在不久之后的第二次家长会上，家长们被提醒说要帮助孩子们学习具体的题目，因为"有些孩子不太擅长"。

在我们的孩子开始在各自的小学上一年级后不久，我再次访问了苏亚提。进入小学一年级的几个月后，阿妮这个活泼、好奇、聪明的孩子开始落后了。她不识字，被认定为差生，每天早上需要参加课前的额外辅导。我给阿妮带来了一些我孩子用过的初级读物。我女儿不再读这些书了，她已经开始读《哈利·波特》小说了。

在 2015 年，这个研究进程中的第三个时刻，我看到了不同阶层的生命历程之间复杂交织、彼此关联。我们在同一个国家，站在生命历程的同一个节点，然而，我们的经历却截然不同。我们面对的是类似的公共机构，但我们在与公共机构的互动中却面临了不同层次和不同形式的行动主体。我开始想，我能够计划自己的生活与 M 女士和苏亚提无法计划自己的生活，这两件事是如何关联起来的？我的 7 岁孩子能够阅读《哈利·波特》与苏亚提的 7 岁孩子被贴上"差生"标签，二者之间又如何关联？

第三次研究经历促使我意识到，我不得不跳出人们有不同的生活方式和育儿方式的说法。如果一种方式会得到认可和奖励，而另一种得不到，那么仅仅说"拥抱差异"是没有意义的。我们必须分析、检验阶层之间的"差异"如何转化为"不平等"。

世界级的教育系统

当我们审视新加坡的教育系统时，我们可以看到某些国际化的、广泛地为人称道的特点。大量的注意力和资源被投入到公共教育中。教师接受严格、持续的培训,教学是一份报酬丰厚、备受尊重的工作。我们看到了对学术严谨性的高度重视——例如,与全球的学术能力标准挂钩,涵盖特定的基础学科领域(数学和科学)。[1] 我们看到新加坡实行的双语教育,在一定程度上考虑了包括少数族裔在内的、不同群体的需求:主要的教学语言是英语,但学生也学习通常与他们所属族裔相关的第二语言。我们可以看到这套教育系统对不同学习风格和能力的儿童都有关注,看到针对这些差异而提出的项目和人力投入方案,也看到有针对低收入家庭儿童的财政援助计划,以便为他们提供物质资源和课外活动机会。

然而,即便如此,在事实上仍存在着明显的差异化机制和结果上的不平等。

追溯新加坡教育系统的历史轨迹,邓宗宜(Zongyi Deng)和戈皮纳坦(S. Gopinathan)指出,种族和社会经济地位影响儿童学业表现的迹象被明显忽视了。学业

---

[1] 根据《联系新加坡》(*Contact Singapore*):"在世界经济论坛《2015年至2016年全球竞争力报告》(*World Economic Forum's Global Competitiveness Report* 2015—2016)中,新加坡在一百四十个国家的数学和科学领域均名列第一。"Teo(2011)详见 https://web.archive.org/web/20170311165956/https://www.contactsingapore.sg/en/professionals/why-singapore/living/education。

表现的差异基本上被视为(自然)能力的差异。1980 年，一套基于小学阶段考试的全国性的监测系统(即"分流")开始实施，① 这种高度分层的制度在今天的新加坡依然存在，而且与种族和阶层的分层界线高度重合。在最近的一项研究中，王香玲(Ong Xiang Ling)和张凯珊(Cheung Hoi Shan)发现，根据父母的教育程度、住房类型和家庭人均月收入来衡量，与普通社区学校的学生相比，"精英"学校的学生大多来自社会经济地位更高的家庭。② 在图谱的另一边，在被安排在较低教育轨道("普通技术学校")的学生中，来自少数族裔和低收入家庭的学生数量高于相应的人口比例。③ 不同的教育路径是为了满足不同的学习需求，但它们实际上也导致了接触到不同的学习机会和资源。正如何立卿(Li-Ching Ho)所发现的，重要的公民教育[4]：同样面对公民参与和民主权利的概念，高低不同教育轨道的学生并不是平等的——当高轨道的学生被培养成为公民的代理人时，低轨道的学生则被训练成为顺从的公民。⑤

---

① Deng and Gopinathan(2016)。
② Ong and Cheung(2016)。
③ Wang, Teng and Tan(2014)。
④ Ho(2012)。
⑤ Ho, Sim and Alviar-Martin(2011)。

这些研究验证了广泛的、既存的概念：一些学校"更好"，一些学校"更差"，甚至比这更有说服力的是，一些学生高人一等，另一些学生则低人一筹。①

学校和我们所谓的择优录取制度是否做到了它所声称的平等？教育系统在多大程度上是一个机会平等的空间？教育是低收入者向上流动的途径吗？学校在多大程度上体现了平等和公正的价值观？它们又在多大程度上破坏了平等和公正的价值观？

对教育系统中不平等现象的担忧往往集中在"表现不佳的人"身上，并关注于"提高"他们的水平。低收入家庭的孩子往往是这类目标群体。众多旨在提高这些孩子水平的项目、人员和公共开支的存在，加上这些孩子中持续存在的学业不佳的表现，导致人们认为低收入家庭的孩子学习动力不足，或缺乏合适的家庭学习环境。在更普遍的意义上，许多新加坡人想当然地认为，这个系统是择优录取的，无论其家庭背景如何，每个人都有充分的机会。

这些观点本身并没有错，但它们不够精确。在不精确

---

① 王香玲和张凯珊在调查中发现："无论学校类型为何，所有学生都认为精英学校学生的社会地位和学习能力优于非精英学校学生。……精英中学学生认为自己的社会地位比非精英中学学生高。"

的情况下，他们不经意地倾向于因为孩子学习成绩差而指责低收入的父母。其逻辑是，如果我们的系统是公平的，那么肯定是因为他们的父母没有做好，所以他们的孩子才会在这一系统中失败。

要了解为什么来自低收入家庭的孩子在学校表现不佳，我们最好了解他们在家里的生活是什么样子。但我们也必须退一步，将他们的生活置于更广泛的社会背景中。这包括尝试了解他们父母的物质条件如何，对孩子们而言学校的经历如何，以及最后，也是最不常做的，高收入家庭为他们的孩子做了什么。当我们考虑到了这一切，我们才能更全面和准确地了解低收入家庭的孩子在这个系统中是如何被迫进行一个他们注定无法获胜的游戏，因为有其他人在制定游戏规则。

高风险教育竞争时代的育儿

在与低收入父母的交谈中，教育问题被反复提及，一再成为他们焦虑的主要来源。低收入父母（尤其是母亲）告诉我，他们需要辞职或减少有薪工作的一个重要原因是他们的孩子在学校里成绩落后。人们谈到孩子每周的拼写测试不及格，或老师经常打电话沟通孩子在学校课业上的问题。

在某些方面，低收入父母的经历与高收入父母并无太大区别。我的手机里不断传来孩子同学家长的信息，表明家长对孩子的学校教育的参与程度很高。在我与不同阶层背景的家长进行的持续访谈中，我经常被家长们（不论何种阶层）为关注孩子在学校的进展所投入的大量时间和精力而感到震惊。报纸的读者来信和网站上经常充斥着关于学校、家庭作业和考试的讨论，显示出在这个国家里人们共有的深刻焦虑。我们经常听到职业妇女为了监督孩子学习而辞去工作或请长假。我们非常清楚在考试面前，孩子们面临的压力，以及父母的感受。当代新加坡的家长普遍抱怨小学的课业变得非常困难。

我的低收入受访者无法真正辅导他们的孩子做家庭作业。他们中的许多人几乎没有完成小学教育。但我的大多数大学毕业生的朋友们告诉我，等孩子到了小学三年级或四年级，他们也很难在孩子的家庭作业方面帮上忙。一些中等收入的受访者（来自一个正在进行的研究项目）告诉我，他们参加了一些学习如何辅导孩子的课程，尤其是在数学方面。现实情况是，父母在试图引导孩子的学业时遇到了很大的限制；毕竟，他们中的大多数人不是老师。唠叨、尖叫，有时还有体罚、反抗、哭泣——在父母试图辅导孩子做家庭作业时，这些似乎是父母与孩子互动的普遍情景。一位（受过大学教育的）母亲坦诚地告诉我，高压的学校系统，以及她对孩子成绩落后的焦虑，使她与女儿相处的时间相当不愉快。她可以意识到那些破坏亲子关系的行为模式，但却感到无能为力、无法停止。

高难度的课程、考试可能对孩子未来产生的重要影响，以及家长自己教孩子课业的难度，都推动了补习行业的发展。经济宽裕的父母从一开始（有些情况下是在学前班）就通过定期补习的方式来帮助孩子提升课业成绩。经济条件一般的家长则放弃其他家庭需求，在关键的考试年份和对孩子来说特别困难的科目上聘请补习家教。① 补习已经成为一个价值数十亿美元的产业，父母在这方面的支出占家庭收入的很大比例。②

除了校内科目的补习费之外，还存在一个课外活动的产业。其中一些是为了进一步提高学业表现的技能，其他的则实质上是预防措施——让孩子们发展其他类型的"天赋"，如果他们的学习成绩不理想，这些也可以打开通往

---

① 2012/2013年度，不同家庭每个月花在补习费和其他相关课程费用（家教、补习班、其他课程）的支出差异十分明显：收入排在最末尾1%至10%分位的家庭共花费25.1新加坡元；41%至50%分位的家庭花费是前者的四倍（99.6新加坡元），90%至100%分位的家庭花费则是其七倍（181.4新加坡元）。详见新加坡统计局（2013）。

② Wise（2016）。

"好学校"的大门。这些现象的存在也告诉我们一个额外信息：一些家长正在努力学习这个系统是如何运作的，并代表自己的孩子积极参与。在这一点上，很难苛责父母希望给孩子最好东西的心情，但同样重要的是，要注意到这种类型的参与并不是不分阶层的：这对那些自己已在这个系统中取得成功并理解系统逻辑的人来说更加容易，他们感到自己有资格与老师互动，有时间投入这种参与过程中，也有足够的预算支撑这项活动的各个方面——包括购买书籍、聘请家教、减少全职工作等。

社会学家皮埃尔·布迪厄谈到，高社会阶层背景的父母能巧妙地将优势传递给他们的孩子——通过培养他们特定的话语方式，引导他们与权威人士建立联系，以及培养音乐和艺术素养等。[1] 他把这些称为"文化资本（cultural capital）"——这些是学校系统奖励但却不会教的品质。[2] 之所以将这些素质称为"资本"，因为它们最终会转化为正式的证书，以及正当的社会地位。这种正当性之所以成为可能，是因为孩子们相对的优势和劣势以及学校的隐性要

---

[1] 安妮特·拉鲁（Annette Lareau）和西莫斯·可汗（Shamus Khan）根据布迪厄（Bourdieu）的理论，分别找出并追踪这些特质在日常生活和精英学校里如何形成。详见 Lareau（2011）；Khan（2011）。

[2] Bourdieu（1989）。

求并不是那么显而易见。换句话说，在大多数情况下，人们认为游戏规则是公平的。通过正规教育的阶梯最终进入社会等级制度顶端的人，无论是在他们自己还是不如他们的人看来，都是因为有好的特质而值得现有的地位。对布迪厄来说，能转化成为资本的这些特质是不可触摸也难以复制的。文化资本不同于经济资本之处，正在于它不是金钱，却能被转化为社会权力。在当代城市（从上海到纽约，从首尔到新加坡）我们看到了与布迪厄的理念相符亦相左的育儿理念：在与学校平行的商业中心里，经济资本每天都在不加掩饰地转化为文化资本。

当我们考虑低收入家庭儿童的学校经历时，必须考虑到这些更广阔的社会现实。

尽管低收入家庭的孩子在学校的表现不尽相同，但也存在着一些重复出现的模式。许多孩子在进入义务教育的第一年就几乎立刻落后。他们赶不上来自富裕家庭的孩子，后者在进入小学一年级时就能读写。很快，许多人的英语和数学成绩会到勉强及格或完全不及格的程度。然而，他们通常在母语学习上能做得相当好，许多人在家里会使用母语，这表明这些孩子如果能充分接触某一学科，则具备相应的学习能力。在小学一年级和二年级，许多来自低收入家庭的孩子被认为有学习困难而接受额外辅导，参与学习支援计划（Learning Support Programme，LSP）和数学学习支援计划（Learning Support Programme for Maths，LSM）。虽然这样做会有帮助，但孩子们要赶上节奏并不容易，因为同龄孩子也在继续快速进步着。截止到小学三年级，许多来自低收入家庭的孩子被分配到成绩较差的班级。虽然各小学在三、四年级分班分流的情况不同，但孩子们都很清楚自己所处的位置与其他人的差距。到了小学五、六年级，许多孩子因为成绩太差而不得不转到部分或者全部科目的"基础班"。虽然我访谈的大多数家长都说他们的孩子仍然定期上学，但很明显，很多孩子产生了一种自己比别人差的感觉，并开始感到学习失去动力。在一些家庭的案例里，孩子开始抗拒上学。如果家里的状况不稳定（如生活安排变动、父母工作时间不固定、收入不稳定、婚姻冲突、年长孩子需要承担照顾弟弟妹妹的责任等），父母也会发现很难妥善安排孩子们的学校日程。如果他们真的因此不能定期规律地去上学，他们在学校的社会关系就会受到影响。当他们再回到校园时，朋友的缺失、同学的嘲笑或欺负，都会使他们难以坚持学习。

　　孩子和父母们都因为复杂的家庭情况面临着许多困难，这些情况与学校无关，但孩子们在学校里的经历却对理解他们为何很少在教育系统中获得成功至关重要。这一点在与那些尽管面临种种挑战，但仍让孩子们每天去上学的父母交谈后变得尤为明显。

开始上小学不久，孩子们就会置身于一个向他们透露出老师和学校如何看待他们的分流系统中，而这将塑造他们如何看待自己和自身能力。这些孩子的潜力并不亚于来自高收入家庭的孩子，但年复一年，他们却被甩得越来越远。部分原因可能是在差班（低轨道）中他们学得更少，因而一旦进入差班，就几乎不太可能向好班（高轨道）再度转移。对于我的大多数受访者来说，孩子能够通过小学离校考试已被视为一项成就。大多数孩子会继续学业、进入最差的中学，有一些则完全辍学。少数人能做到在中学毕业后进入新加坡技术教育学院。在三年的实地调查中，我只遇到了少数几个家庭的小孩能够进入理工学院（polytechnic）；其中只有一个个例让我印象深刻，一个女孩获得了大学的入学资格。

从理论上讲，所有的教育途径都能带来体面的生活和合理的福利。但在现实中，他们有限的学历证书将使他们只能从事与他们父母类似的低薪工作。声称所有的轨道（教育路线）都是好的、所有的路径都是有价值的，这是不诚实的；如果真是这样，如果新加坡人真的相信这一点，那么补习中心就会被淘汰。

那么，要求儿童过早地体现出成熟的才能，以及教育系统过早地开始追踪、分流，是如何导致这些模式产生的呢？

和孩子们一起工作的人会知道，学生对于自己和同龄人的比较相当敏感。一位老师告诉我，处于较低水平的学生会说"我就很笨啦"或"我就是懒嘛"之类的话。他们不努力，因为他们不相信自己能成功。和差班（低轨道）孩子相处的教师不得不花时间和精力处理与低自尊和缺乏动力有关的行为问题。孩子们在课堂上更容易捣乱，更有可能逃学或忽视家庭作业。这种现象并不局限于新加坡，也被教育研究者所深知。珍妮·奥克斯（Jeannie Oakes）在一项经典的追踪研究中指出，依照狭隘的学术能力标准来为学生追踪分级的重要害处之一是，处于差班（低轨道）的学生往往将自己视为糟糕的学习者，因而不会如同那些认为自己相当优秀的好班（高轨道）的孩子那么努力。[1]换句话说，低收入家庭孩子的老师们常常提及的"低动机"，其实是在学校的环境下自行再生产的。具体来说，给孩子们的标签是一种自我实现的预言，这些标签塑造了他们的

---

[1] Oakes（2005［1985］）。

学习行为。①

　　这种多轨、分级的教育体系有它的积极面，孩子们不会被完全抛弃——仍有一些路径向他们开放，可以防止他们彻底辍学。但同时也有一个不合理的后果：很大一部分智力正常、没有学习障碍的孩子，很小的时候就被贴上了"反应慢"的标签。在与一位处理儿童学习障碍的教育专家交谈时，我了解到她需要花一些时间来弄清哪些孩子有障碍。为何如此？因为大多数她遇到的孩子之所以"落后"，单纯只是因为他们没有接触过那么多的学习材料，而不是因为他们无法以常规的方式学习。换句话说，只要花时间学习、接触充分的学习材料，他们的学习能力并不比其他大多数孩子差。他们对学习材料接触较少的原因有很多：他们的学前教育较少；他们的父母不会说英语（或学校要求的那种英语）；家里的阅读量有限；他们没有补习老师的额外辅导。换句话说，他们"落后"的主要原因可以追溯到与社会阶层有关的相对劣势。转换一下视野我们就会发现，鉴于补习中心和家教无处不在，一些孩子（因为阶层优势）在一个奖励早学习和早慧的系统中处于优势地位。那些能够在起跑线上出类拔萃的孩子，既不一定具备"更

---

① 重要的是，奥克斯也表明，那些身处低轨道的学生学习机会较少。他们接触的教材质量较差、数量较少，花在学习上的时间也比较短。

优品质",也不一定"更具价值"。

为什么我将这种状况称为一个非理性的结果?如果我们认为学校是学习的地方,如果"机会平等"是我们教育系统的口号,如果大众教育的目的是培养尽可能多有能力的人,这些人长大后将成为对社会有贡献的成员。那么,对于在校外学习资源不足的孩子,应该使其在校内有机会充分接触,并且有足够的时间来弥补由阶层差异造成的劣势。他们不应该因为在校外学习机会不足而受到惩罚。由于奖励早慧——例如,期望孩子们在开始上小学一年级时就能阅读和写作,学校这个系统强调了自身作为筛选机构的功能,而非教学机构的功能。

成长早期的标签不但对孩子,对父母也产生了深刻的影响。有能力的父母往往有信心说:我的孩子并不笨,他/她只是需要更多的帮助。家长从学校得到的关于自己孩子和其他孩子相比较的信息、学校给孩子打上的标签,都会塑造家长对孩子能力的认知。如果相信孩子虽然目前成绩不好,但是是有潜力的,那么家长的解决方案就是为孩子寻求帮助,尤其是当他/她有钱支付这类费用时。相反,如果老师反复告诉家长孩子能力差或者缺乏动力,那家长的感受会是:这孩子像我一样,不擅长学校学习,不可能做得好。如果家长本来就没钱请家教,那么他/她对孩子的期望值也会相应调整。当一些家长哀叹他们的孩子并不"愚笨",但"不知为什么"无法在学校表现良好时,我听到了一种挫败和困惑感。

父母的意见和行动也会影响孩子对自己潜力的认识。我遇到的许多父母都对他们的孩子寄予厚望,希望他们能比自己做得更好,希望他们最终不会过上像自己一样艰难的生活,但他们在一个已为孩子从小打上弱者、不重要、不聪明、没能力标签的环境中养育小孩。要超越这一点、看到他们的孩子仍然有天赋和价值,是非常困难的。我看到许多低收入的父母试图这样做,但就像我们许多人需要很努力地去形成独立的意见一样,我们不能对其他人的声音免疫。我们强烈依赖教师对我们孩子的评估和理解,我们根据社会中"正常"的标准来评价我们的孩子。对许多低收入的父母来说,一种不甘心的感觉开始出现。是否接受孩子的成绩和不足直接影响着家庭内部的互动。回到我之前讲的 M 女士的故事,在这个家庭中,有一个聪明的孩子和不那么聪明的兄弟姐妹。在许多低收入家庭的故事中,孩子们擅长足球、跳舞、烹饪或帮助做家务和护理,但在数学和英语方面却毫无希望。一旦固化为常识,父母和孩子都很难从这些标签中走出来。

低收入儿童的家庭环境确实不利于学习。空间很小,家庭关系有时很紧张，物质上的困难持续存在。许多现在已经是中产阶层的新加坡人，过去也往往经历过这些状况。我的很多同龄人正是在这些"不利"的环境中长大的。这或许可以解释为什么高收入的新加坡人不愿意拷问系统性的不平等，以及随之而来的急于评判低收入者：如果我可以克服困难，为什么他们不能？早些时候我曾提到，为了理解教育程度低下的持续以及阶层不平等的再生产，我们的目光必须超越个体家庭。我们必须检视更广泛的社会背景和教育系统筛选标准、动态和原则的重要发展。虽然是反直觉的，但我们还必须看一看不同阶层的父母的更广泛的社会实践。在 20 世纪 80 年代，当我上小学时，我没有上补习班，我的朋友也没有。我的父母每周基本不用花时间在辅导我完成家庭作业上——与我同学的父母花在他们身上的时间大致相同。

当前的制度正在奖励什么？又在惩罚什么？正是在退后一步、远远超出对个别低收入家庭的关注时，我们才能明白正在发生什么。

"我希望我的孩子比我更好"

通过描述我研究生涯中的三个时刻，我开启了目前的写作。每一个时刻都带来了新的洞察，而每一个洞察都要求我对前一个时刻进行重新思考。在第一个时刻，我了解到什么是成为一个"正常"的新加坡人。在第二个时刻，我了解到可能有不止一种方式成为"正常"的新加坡人，但"正常"的定义不是不分阶层的。在第三个时刻，我看到阶层不仅在塑造行为上起作用，而且在最终结果上导致了差异：大多数父母都希望他们的孩子比他们更好，但不是所有人都能达到这个目标。更重要的是，在对这一理想的追求中，父母们通过决定如何花费金钱和时间，决定与孩子、孩子的老师如何互动，塑造了每个人都必须面对的教育系统。没有阶层特权意味着必须按别人的规则行事；而有阶层特权则能够制定标准。带着这个洞察，我又回到了2003年的第一个研究时刻：中产阶层受访者带着一种不可避免的语气，声称他们的选择是所有正常新加坡人的选择。

美国记者尼科尔·汉娜-琼斯（Nikole Hanna-Jones）写了关于当代美国学校的种族隔离和不平等现象。有许多情况是美国社会所特有的，但也有许多不平等现象跨越地域而存在。在2017年的一次采访中，[①] 汉娜-琼斯谈到了一件让人深受感动的事。她把女儿放在了一所被视为"糟

[①] Hannah-Jones（2017）。

糕"的公立学校，尽管她有能力把女儿安置在另一所"更好"的学校。很多人认为她做出了一个奇怪的选择，但对她来说，这是一个道德问题——所涉及的问题超出了她孩子的福祉。[①] 如果她把孩子送到私立学校，她就是做了许多中产阶层和上层阶层家长正在做的事情——借用个人资源破坏了公立学校系统的完整性。她是这样说的："重要的是要明白，我们看到的不平等、学校隔离，既是结构性的、系统性的，也是由个人的选择来维持的……只要家长个体继续做出只有利于自己孩子的选择……我们就不会看到改变。"

过去十年中，我的很多研究和写作都是关于机构和政策的。我主要谈论的是，如果想看到更平等的结果，我们需要重新思考政策的基本原则。我仍然相信，如果想看到重大变化，我们需要采取集体行动，需要努力改变宏观的结构性事物——规则、条例、标准、政策的基本原则。但是，在做最近这些研究时，我也不断地被提醒，生活是在微观层面上展开的，在日常决策、日常互动、日常行使权力和主体性以及对限制和约束的应对等层面上展开。

美国记者尼科尔·汉娜-琼斯的行动很难追随。她指出不平等也是由那些有能力做出选择的个人所再生

[①] 亦可详见 Brighouse and Swift（2009）。

的——她是对的。这对有能力做出选择的我们来说，意味着走向一个非常不适的结论：我们做出的选择，即使我们认为只涉及自身，实际上也是关于他人的。我们这些有能力做出选择的人，不成比例地塑造了结果，并且限制了那些没有能力的人的选择。因此，如果我们不分享选择权，我们永远不会看到那些我们认为糟糕的、不可接受的事在社会中得到改变。当有能力的人将自己的孩子和自己的家庭的优势最大化时，我们就在为加强现有的成就、成功/失败的规范做出贡献。但这些规范损害了其他公民的福祉。每个人都可能会说"我希望我的孩子比我强"，但不是每个人都能看到这个结果，也不是每个人都能对成就的标准和规范产生同样的影响。

因此，作为父母，当我们要求老师布置更多的家庭作业时，当我们询问孩子的同龄人达到什么程度时，当我们对孩子的生活进行细致管理时，当我们花钱请家教时，当我们争取让孩子进入某些学校时，我们必须非常仔细地思考我们在做什么。

同样重要的是，我们必须追问，当我们不去抵制一个现在可以看到存在明显问题的体系时，我们是在允许把什么延续下去。如果那些在社会等级制度中处于优势地位的人拒绝暂停和改变他们行事的方式，那么向低收入者提供援助或"提高水平"的呼吁将继续是空谈。

这不仅关乎个体的育儿实践

在我所说的上述内容中，既蕴含着阶层利益的内在冲突，也包含着阶层团结的潜力。无论哪个阶层，每个人都受制于国家的教育政策。越来越清楚的是，一个高风险的、以考试为导向的教育系统让所有阶层的父母和孩子都付出了沉重的代价。

我们应该在意这一切，因为我们正在失去潜在的宝贵人力资源。我们都将在由其他人的孩子组成的社会中变老；我们的福祉取决于他们的能力。[①] 我们为公共教育做贡献，正是因为这种支出有集体回报。为了提高我们的共同福祉，我们有兴趣确保所有在我们社会中成长起来的孩子能够发挥他们的潜力。

低收入家庭的情况和经历揭示了我们的教育系统中存在深刻的不平等——关注狭义的部分能力，要求早熟，对家长参与和商业服务的依赖，共同破坏了大众教育的民主承诺和潜力。作为一个社会，我们大声地、自豪地谈论择优录取和机会平等。作为伦理道德议题，我们都应该关心

---

① 部分经济学家，例如南希·弗波莱（Nancy Folbre）因此主张将儿童视为公共资源。详见 Folbre（1994）。

这些承诺的破坏，并且努力抵制对这种共同理想的侵蚀。

要求进入一种通向特定生存方式的狭窄通道中、要求早熟，这些对任何孩子来说都是不容易达到的。其中所付出的经济代价、所花费的时间、对家庭关系的伤害、对我们的孩子所施加的压力[①]都是巨大的。从长远来看，我们所有人都必须追问：目的是什么？这样做值得吗？

---

① 国际学生能力评估项目（Programme for International Student Assessment，PISA）最近的研究发现，新加坡学生对于学业成绩的焦虑程度相对高。详见 Davie（2017）。

第五章
没有阶层保护的成长

当我与大孩子的父母交谈时，我常常听到这些担忧：他们长时间在外与朋友闲逛；在学校学习费劲或面临辍学，不确定未来能做什么；有意外怀孕的风险；有不容易满足的物质需求；因未成年吸烟、吸毒和偷窃等事情惹上了警察。

我们通常称他们为"边缘青少年"或"少年犯"，好像他们是从"糟糕的社区"或"功能失调的家庭"里自动出现的。不言而喻的假设是，青少年之所以"误入歧途"是因为父母疏于照顾。或者，一种更宽容的阐释是，父母在为了谋生而忙碌。

在我做研究的街区，往往是父母本身对他们的孩子表示担忧。我遇到的许多父母为自己与青少年子女的关系感到压力，为孩子不听话、不回家、把父母的生活当成反面例子、不听他们的建议等状况感到焦虑。很明显，完整的故事超出了"父母疏于照顾"这种叙事。在听到父母对孩子的担忧、观察在低收入社区活动的青少年并与从事青少年工作的社工交谈后，我意识到我们不曾充分认识到青少年复杂的照顾需求（和缺口）。尽管我们一直在谈论家庭是新加坡社会的核心单位，但我们对家庭生活的日常样貌关注甚少。

我们经常谈论"儿童"或"孩子"，仿佛它们是一个大类。公共政策倾向于仅从非常年幼的儿童所需的照顾角度来框定需求——如持续的看管、日常的身体护理等。这样看待照护问题既掩盖了儿童的复杂需求，也掩盖了父母（尤其是低收入父母）所面临的挑战。这导致我们忽视了年龄较大的孩子也需要父母的照顾这一事实。当我们开始思考青少年需要什么时，我们会开始意识到，低收入家庭的父母需要应对一个更难维持家长威信的时代，以及他们的孩子缺乏像高收入家庭里孩子拥有的那些保护。

影响力和威信：阶层条件的相关性

当谈到抚养大孩子时，所有的父母都在努力维持一定的影响力和威信。这事是困难的，因为和小孩子不同，在日常生活中，大孩子比小孩子更独立，对家庭以外的世界也有更多认识。正是这两点使得低收入父母比高收入父母面临了更大的挑战。

在接下来的内容中，我会描述我们不常谈论的事情之间的相关性，这些事情最终对养育青少年非常重要：空间、付费活动和零花钱；时间、休闲和记忆；父母的社会地位。通过这些，我希望让大家注意到这样一个事实：青少年有复杂的照顾需求，而这些需求所需要的条件，低收入父母往往无法满足。

空间、付费活动和零花钱

生活在低收入家庭的现实是个人几乎没有什么隐私空间。即使是父母，通常也没有自己的卧室，所以孩子们当然也没有什么私人空间。当我拜访一些家庭时，我看到人们创造性地使用床单和家具为青少年孩子（尤其是女孩）创造出一些类隐私的隔断空间。然而，小户型住宅的限制意味着青少年常常发现在外面和朋友相处比在家里更愉快。在关系紧张的情况下（无论阶层环境如何，父母和青少年子女之间经常出现这种状态），这种远离家庭的趋势会更加明显。当父母谈到希望能有更大的房子时，提到的原因之一常常是孩子可以有自己的私人空间，甚至可以带朋友回家做作业、学习、社交，而不会受到弟弟妹妹和其他家庭成员的打扰。

相比于那些父母可以为其爱好或者娱乐活动付费的孩

子，低收入家庭的孩子一天中有更多的时间是不跟成人待在一起、无事可做的。与那些在经济上更依赖父母、从而也许不得不更听话的孩子相比，来自低收入家庭的青少年更常通过兼职工作赚取自己的零花钱。在某些方面，他们比中产阶层的孩子更加成熟、独立和自主。他们也往往倾向于和具有类似独立性的同龄人出去玩耍。由于这些因素的综合影响，父母对孩子的影响力可能更有限。因此，人们不仅担忧年幼的孩子，也担忧青春期的孩子。养育青春期的孩子和养育幼儿一样困难，有时甚至比养育幼儿更加困难。青春期的孩子们有时会逃学、晚归，甚至完全不回家。说白了，中产阶层的父母对他们青春期的孩子有一定的支配权，部分是因为环境因素。孩子对父母的经济依赖，他们对家中个人空间的使用，他们被安排的活动，都使父母能够持续影响他们的日常生活。如果没有这些条件，低收入父母的威信就很难维持。

时间、休闲活动和记忆

在孩子的生命过程中，他们的需求是不断变化的。解决青春期孩子需求的困难并不经常被当作照护缺口问题来讨论。然而，当我们看到需求从日常的生理性的照顾转移到关系的建立和信任的形成时，有时间、精力和父母威信变得比以往任何时候都重要。当我们关注儿童生命过程中不断变化的需求时，就会发现家庭生活不仅是为了满足生理性的需要。养育孩子不仅是为了让孩子活着。虽然超过一定年龄的孩子不再需要持续的监护，但家庭关系对父母和孩子的幸福都至关重要。

当我们注意到孩子们不断变化的复杂需求，而不仅是他们的生理性需要时，我们就会看到低收入者养育孩子的新挑战。

在我研究的早期，一位社工告诉我，他们有时会组织家庭在度假胜地过夜的活动。活动很简单：他们去一个别墅，带上食物和烧烤设备。这位社工在一次度假活动后为某个家庭制作了一本相册（把周末的照片打印出来放进相册），送给这个家庭。起初，我误解了她的目的，我以为重点是实物——一本印有照片的相册是这个家庭无法承受的奢侈品。但是，当她解释为什么要这样做，以及我后来听到某些家庭提起这类周末的美好时，我意识到这是为了建立回忆。这些家庭并不经常有一起放松和娱乐的机会。外出的夜晚和照片——它们构成了一些家庭生活的快乐回忆。

当我写到这里时，我想到了自己的办公室和家，以及无数其他人的办公室和家。我们周边环绕着自己关心的人的照片，大多数是在休闲的场景中：例如，我和兄弟姐妹骑着自行车；我和家人、好友在伊斯坦布尔度假；和老同学的新春聚会；毕业典礼上为我骄傲的父母与我合影。回忆支撑着我们——它们讲述了我们是谁，与谁有关联。我们用照片围绕着自己，以便我们能够看着这些快乐的时刻，记住我们属于某些人，以及有些人属于我们，我们并不孤单。

因此，相册中的照片不仅是物件。它们唤起了一个不寻常的休闲周末带来的快乐感受。对于那些每天生活在紧张的时间和金钱压力下的家庭来说，它们代表了繁杂家务之外的愉快回忆，紧张压力之外的美好情感，以及家庭成员之间命令或争吵之外的共同记忆。

如果像我们经常被提醒的那样，家庭是一个社会的基本单位，那么我们必须记住，它不仅是一个功能性的经济单位。父母与子女的关系不仅是交易——父母抚养子女，为的是有一天子女能够赡养父母。建立关系和建立信任是发生在家庭内部的重要活动。而这些活动需要一种特殊的时间——休闲的时间、玩耍的时间、休息的时间。自助式育儿书中有很多这样的智慧：沟通，花时间在一起做有趣的事情，建立信任，这些关系将贯穿人的一生。

在我遇到的家庭中，周末出游是相对罕见的。我并不是说人们不知道如何玩乐。尽管有金钱和时间的限制，一些家庭仍然设法做一些休闲活动；他们足智多谋，能找到免费的地方和活动。但对大多数家庭来说，休闲活动很难安排——时间被无数事务占据，以及，新加坡的很多活动都需要钱。随着孩子年龄的增长，这种情况变得尤其具有挑战性。不像年幼的孩子，只需去游乐场或公园就能轻松玩耍，青春期的孩子更难取悦，他们感兴趣的东西往往要花费更多。事实证明，家庭生活和幸福记忆的建立，与阶层有很大关系。

家庭之外的世界：父母的威信是社会性的

低收入家庭的父母很难维持威信的原因有些辛酸。我经常听到父母说，他们希望孩子不要像自己一样。的确，这就是他们经常告诉孩子的教训："努力学习，不要像我一样。"他们的梦想和愿望经常是"我希望我的孩子不要像我一样"，或者像上一章说的那样，"我希望我的孩子比我强"。

作为一名教师和家长，我对年轻人之所以能产生影响力，往往不是因为我说的话，而是因为我是谁。我可以建议学生采取某些行动或遵守某些原则，因为我自己有过相关经验。重要的是，由于他们可以看到这些行动给我带来了什么，所以他们接受我的建议，认为我的建议是正当的、有背书的。我可以告诉我的孩子我的学校经历，她会知道错误和失败并不是致命的，因为她看到最终我在新加坡社会中是一个"成功者"。但是，当你作为一个在传统标准中不被认可的人，作为一个社会环境中的"失败者"时，你的养育威信就不可避免地受到怀疑。这并不是说孩子们不尊重他们的父母。事实上，在我去过的许多家庭中，我看到了许多尊重的姿态。例如，在马来家庭中，孩子们鞠躬亲吻长辈的手作为问候和告别，这是尊重的一种引人注目的、美丽的身体表现。但是，说不成功的父母在养育时缺乏威信是指他们很难告诉年轻人——听我的话，但同时，不要做我做过的事，不要变得像我。

养育子女是一项在社会脉络中进行的活动。没有人在真空中做母亲或父亲。养育子女的挑战不仅与我们自己孩子的需求有关——它们还与在特定社会和特定历史时刻中，家长以哪些"正常"的方式养育子女有关。我们从周围各种信息渠道中了解到关于"好母亲"或"好父亲"的一切——邻居、同事、朋友，有时甚至是电梯里的陌生人对我们说的话；我们从教师、医生和其他权威人士那里得到的建议；我们在与各种政策实践互动时得到的信息。当我们考虑到这些时就会发现，在低收入情况下养育子女的深刻困难之一是我们必须在自己没能得到认同的社会环境中养育子女。

当我们谈论起孩子时，我的受访者们，尤其是母亲，常会告诉我她们与社区里的"其他家长"不一样。例如，泽伊（Zee）说她对她的四个孩子要求非常严格。他们每天在玩耍前要做完作业；他们要帮忙打扫房间、照顾弟弟妹妹；以及，他们不能在楼下闲逛。像我遇到的许多家长一样，她提到想搬出他们的出租屋，因为社区环境不能令她满意。她告诉我很多小区里的孩子在外闲逛到很晚。而有些年仅13、14岁的小孩已经开始吸烟。看到这些她感到"心痛"，因而她对孩子非常严格，与社区里的"其他家长"不同。在访谈过程中，我时不时会听到类似的叙事：社区环境不好，而自己的养育理念和别的家长不同。这种叙事为什么会如此频繁地出现？父母们的担心当然是真实的——的确，在他们所在的社区中，孩子的成长面临更多风险。但在一定程度上，这种叙事也源于他们和我的互动方式。当他们提到自己在社区中是"特殊的"，他们是在试图向我（一名研究者）寻求认可、重视和作为养育者的尊严。在这些午后的聊天过程中，在这种社会互动中，他们向我展示出他们知道我来自哪里，以及像我这样的人倾向于如何评价他们。每当我点头、露出理解的表情或发出表示同情的声音时，我们的对话就会继续推进。我意识到有必要展示出我在倾听、承认，而不是评判——与我类似阶层的人通常不会做这些。当社工称赞她们是好母亲时，她们明显受到了鼓励，在那些时刻，她们微笑着，谦虚地说："必须啦。"

我如何确定这种叙事是出于对尊严和对认可的需要呢？在我与低收入人士的谈话中，与权威人士的紧张互动常常会作为话题出现。有时是让他们感到压力的老师，因为每次谈话都是关于他们的孩子在学校出现的问题，以及他们应该怎么做才能帮助孩子。更多的时候，是关于他们与提供经济援助的人的互动。对于提问的人来说，这种紧张感可能并不明显，但每一个类似"你为什么不把你的孩子放在学生托管机构？为什么你不去找一份收入更高的工作？你为什么不去接受更多的培训"的问题都让低收入的父母感到眼前身居要职的人不相信他们是好父母，也不相信他们足够聪明，能够做出正确的决定。如果别人明明不太了解你的育儿方式，但又总是试图对你的育儿提出建议，你可能会觉得没有人相信你是一个值得信赖的父母。这些互动让他们感到被轻视。在这些事情发生几个月后，有时甚至是几年后，人们还能回忆起这些互动的细节。那些可能只持续了几分钟的交流显然在他们的脑海中反复播放。所以我们要在这样的背景下，来理解他们为什么会提醒我他们是社区家长中的例外，以及我或社工认可他们是好家长的时刻，这些时刻都应该在此种背景中加以理解。

财富和社会地位在这个城市非常重要，每个新加坡人都知道。这一点，你可以从餐馆顾客和服务员互动的身体语言中看到；可以从公共场所中人们匆匆擦肩而过的身体中看到；也可以从人们和比自己地位"高"和"低"的人说话的声音中听到。我们是一个极其注重地位的社会——这里有服务的人和被服务的人，人们被期望按照社会地位相应地调整身体语言和语气。在低收入情况下为人父母，意味着在知晓自己社会地位很低的情况下养育儿女。

因此，低收入父母不得不处理这项极其困难的工作：他们必须既告诉孩子要听他们的话，又同时向他们传递"不要像我一样"的信息。在这种情况下，要行使父母的权威是很困难的。一个人的养育方式不被理解，不被认可，被认为是不值得的，这是对自我的一种深刻的攻击，尤其是当"父母"这一身份被视为一个人身份认同的核心部分时。

为人父母本就是困难的。而且在儿童成长的多个阶段都面临困难。在良好的环境下育儿本就艰难，而当一个人的金钱、时间和社会地位都有限时，情况就更加雪上加霜。

在没有阶层保护的情况下成长

多年来，对于我的研究发现，我一直心情复杂。我应该将所见视为坚强和"适应力"的象征，还是将其视为不足和"问题"？越来越多地，我意识到这两者都是真实的，也都是不完整的。尽管看似矛盾，但我们需要同时保持这两种解释框架。我们需要认识到这一点：个体尽力应对环境并不意味着他们所处的环境是可以接受的。

以下是我 2014 年一次访问后写下的一段田野笔记：

> 我们走进了一间单间组屋。一位妇女正在炒制一道参巴马来盏（sambal belacan）菜肴。离开房间后，那味道仍然挥之不去。房里家具简陋，床垫靠墙摆放，地板上有个烟灰缸，里面有几个烟蒂。这家有三只猫，其中一只毛茸茸的灰色猫在我们访问期间四处走动。两个孩子非常友好，微笑热情，彼此亲昵，对我们也很热情。他们邀请我们坐在地板上，然后自己也坐了下来。男孩走进厨房，端出两杯菊花茶。我为他们的礼貌所折服；在我的社交圈子里，很少有孩子会主动给客人倒饮料。

当我阅读我的田野笔记时，我对遇到的孩子们印象深刻：他们在家里热情招待我；双手端起饮料递给客人；谦逊有礼；在我们交谈时安静地坐在一旁，并不争夺父母的注意力。从他们的父母那里，我了解到这些孩子在帮助成年人方面非常出色——做家务、照顾弟弟妹妹、挣钱、照顾生病的父母。从老师那里，我知道这些孩子虽然学业上不是很出色，但在老师需要帮助时通常是最乐于助人的。他们不完美，也有犯错的时候。但总体上，这些孩子给我留下的印象是成熟、独立、有礼貌，有时甚至令人惊讶地无私。强调他们的优点非常重要，因为在我们的公共话语中，他们受到了很多诋毁；他们的缺陷——考试不及格、逃课、吸烟、行为不端——是公共话语中唯一的焦点。

观察到他们有优点，认为他们是好孩子，并不意味着他们一切都好。事实上，我们还必须注意到，这些年轻人的机会有限，他们的道路困难重重。

*

当我遇到梅（Mui）时，她已经病得很重了。她四十多岁，接受了癌症治疗，但预后不佳。梅是14岁的男孩亚伦（Aaron）的单亲母亲。她家墙上挂着儿子幼儿园时的照片。她指着照片，满怀深情地谈论儿子的聪明可爱。尽管我去过她的组屋三次，但我从未见过那个男孩。当她生病时，他已经是个典型的青少年，更愿意和朋友们待在一起。梅哀叹他对她态度冷淡，还开始抽烟了。随着她变得越来越虚弱，男孩的未来——他将住在哪里，和谁住在一起——成为梅焦虑的来源。梅有母亲和几个兄弟姐妹，但当她生病时，他们都不愿意成为这个男孩的监护人。他们与男孩的关系并不亲密，而且他们也有自己要照顾的家人。等我第三次去她家时，梅已经虚弱得几乎说不出话来。她的姐姐是一个健谈、开朗的女人，姐姐一边帮她做家务和做饭，一边说着话。她谈到梅在身体好的时候非常勤劳，也回忆起自己年轻时与母亲的艰难关系。她谈到梅的儿子应该和他们的另一个姐姐一起生活，也说到她自己因为时常不在家，并不能照顾他。她表示，对梅的儿子进行紧密的监护非常重要，因为如果他离家出走，很可能会永远离开家人。后续几个月，听说了更多不回家、无法被家人找到的年轻人的事情后，我才充分意识到她确实有理由如此担忧。在这种情况下，一个孩子确实可能会从他们的家庭中"失联"。不可预测、灾难性的事件可能发生在任何人的生活中；有钱人的家庭也会面临疾病、离婚、死亡，所有家庭在某种程度上都会面临关系紧张和冲突。但正是在听到青少年可能会失踪之后，我开始意识到低收入家庭中的年轻人承受着更高的风险。他们在家庭危机时特别脆弱；他们在关系紧张时承受的代价更高；他们未来的道路也更容易受到干扰。

在这本书中，我没有采访孩子们，要更全面地了解他们的观点，需要进行更多的研究。但就目前而言，我在社区里观察到了很多闲逛的孩子。而且因为我常去公租组屋拜访，所以有时候也会在受访者家中碰到这些孩子。我从孩子们的家人和社工那里听说他们的情况。间接地，我也通过听成年人讲述他们年轻时的故事，了解作为低收入家庭中的年轻人是一种什么状态。透过这些不同角度的描述，很明显，我们发现在低收入环境中长大是非常具有挑战性的。

年轻意味着焦躁不安和在某种程度上被误解，意味着对世界有一定的认识、有渴望参与其中的能量和欲望，却必须面对无能为力的挫败感。我自己年轻时也有这种感觉。当我听到我的学生或年轻朋友谈论他们的生活时，我也能察觉到这种情感。而作为中产阶层的年轻人则意味着能够推迟自立，推迟对他人的责任，犯错时得到别人的宽容，有时间学习，在准备好飞翔之前生活在父母的庇护下。然而，低收入家庭的年轻人没有这种奢侈的时间来度过这个阶段。在这个社区里，孩子们很早就开始独立并承担责任——家务、有偿工作、养育小孩、支持年幼的兄弟姐妹或父母、处理关系危机和冲突。尽管如此，许多年轻人仍然设法生存并茁壮成长——这或许解释了他们为什么更具有生存智慧。但很多其他年轻人，可以想见，都经历着艰难的时光。

为什么要描述这些负担和脆弱性？在前一节中，我说明了在低收入条件下养育青少年的困难。观察这些困难对孩子们产生的影响，我们可以看到父母和孩子的生活是深度相互关联的。这也说明，阶层再生产（无论是阶层劣势还是优势）是一种默认路径。在我们目前的社会背景下，流动性，而非静止，才是需要解释的现象和例外。

"家庭作为第一道支持线"

育儿是一种内嵌于社会的活动。这意味着两件事，首先，它与日常生活的元素相关——有薪工作、家庭互动、学校教育。其次，它被更广泛的社会期望、要求和习惯所塑造。换句话说，没有人仅仅是"父母"，也没有人孤立地扮演父母的角色。当我们成为父母时，我们同时也是员工、同事、配偶、兄弟姐妹、子女、邻居、朋友。我们如何成为父母部分取决于教师如何对待我们，亲戚朋友如何向我们提出要求，朋友和熟人如何给我们建议，以及专业人士（医生、顾问、社工）如何给我们专业意见。我们中的许多人喜欢想象自己是独立的（我听到无数次人们宣称"我只是做我想做的事情，我不在乎别人怎么说"），但现实是，一个"好"或"坏"的父母是由环境和外在标准塑造的，超出了任何个体可控制的范围。

在贫困条件下育儿涉及金钱和自主时间匮乏的双重压力。这导致了年幼孩子和青少年的照护缺口。这使得建立家庭生活（包括愉快的游戏和休闲回忆，以及日常生活中的沟通和关系建设等活动）变得极为困难。

在新加坡，许多福利都是基于家庭单位存在和进行支持的。我们对各种公共福利的获取在很大程度上是通过个体家庭实现的——从住房、医疗保健到养老支持。[1] 在教育方面，父母的参与和投入比以往任何时候都更为重要。跨越或保持阶层高度依赖于家庭单位的支持，结合我们在家庭之间看到的不平等，家庭对人的基本需求和奢侈需求的满足方式都产生了深远的长期影响。

政策不能，也可能不应该预见到个体家庭中的所有问题。然而，鉴于公共福利提供中存在"家庭是第一道支持线"的重要假设，我们必须做更多的工作来确保合理的家庭生活（不仅是建立一个家庭单位）不是阶层特权。

近年来，有关公平机会的讨论集中在投入资源支持低收入家庭的孩子，以扭转不公平的局面。目前，公共资源已投入教育领域（包括学前教育）当中，这是件好事。但是，孩子和父母的福祉并非相互独立的，事实上，学校生活也

---

[1] 详见本书第六章"被分化的应得性"。

并不独立于家庭生活。因此，公平机会还必须包括缩小低收入家庭与高收入家庭之间的家庭生活差距。

在家庭的日常生活中，我们与家人相处的经历不仅是经济数字，而是与活生生的人共同生活——与他们争吵，关心他们，与他们分享欢笑和泪水。为了在家庭内实现相互依赖，除了让家庭充当一个经济单位——正如我们的公共政策所期望的那样——我们还需要这些纽带将我们紧密联系在一起。家庭权利的考虑不能仅限于将家庭视为一个纯粹的经济单位。鉴于家庭在我们社会中的福祉至关重要，我们应该拥有的权利不仅是组建家庭，还包括给予和接受关爱，以及共同建立有意义和尊严的生活。

这三年的研究，无意中成为我个人学习和反思的过程。我的受访者们是智慧的源泉。通过他们，我看到了耐心、慷慨、努力工作以及表达情感和欣赏的价值。在田野社区度过的下午时光让我感到愉快——当人们欢迎我走进他们的家庭，与我分享他们的生活，我感受到了时间的缓慢流逝。与我日常的专业交往形成鲜明对比的是，人们在没有期望任何回报的情况下，开诚布公地分享交谈，这让我感到震撼和感动。看到孩子们在自己的世界里独自玩耍，让我怀旧地想起了自己的童年。一次又一次，我被人们在逆境中的韧性和在不断的挫折中坚持努力工作、积极思考的信念所打动；被日常生活中人际互动、关系和信任的核心地位所触动；也被许多父母为孩子做出重大牺牲的意愿所震撼。每次实地访问后，我都会设身处地地思考，如果我是他们，我是否能像他们那样坚强、善良、慷慨。许多受访者激励着我成为一个更好的父母——更宽容、更有爱心、更愿意把我的孩子看作一个与我不同的个体。与他们相处，迫使我重新审视我所认为的"正常"的生活方式。

有时候，人们会说（更富裕的）新加坡人应该去参观低收入地区——无论是在新加坡还是邻国——这样我们才能更好地体会到自己的生活有多好。在我参与的另一个研究项目的一个焦点小组讨论中，参与者评论说，旅行，尤其是到我们邻近的国家，有助于人们看到其他地方有多贫困，让人们意识到"新加坡依然是最好的"。这种逻辑似乎植根于一个令人不安的假设：别人的苦难让我的生活显得更美好。然而，过去几年的经历告诉我，如果我们想了解和学习他人，我们必须脱离只做个过客的心理。而且，我们必须认识到我们的视角、经验和世界观不是唯一存在或不是唯一重要的假设。

为什么要强调这一点呢？正如我所论述的，没有人是在真空状态下养育孩子。低收入家庭父母面临的低社会尊严和价值是塑造亲子关系的重要因素。承认父母的努力、爱心和牺牲是非常重要的。我们必须使这些育儿品质变得清晰可辨并得到认可。对低收入父母进行夸张的描绘、抱以不公平的偏见以及拒绝承认社会背景和限制，这些都不能成为我们集体实践的基础。如果我们真的想为来自低收入家庭的孩子拓展机会，那么我们所有人（包括教师、社工、政策制定者、研究人员）都需要克服我们狭隘的视角和偏见。

"好"和"坏"的父母贯穿于各个阶层。在大多数情况下，我们都不是完全的好或完全的坏。更准确地说，我们在尝试和失败中努力，并希望在经历种种考验和试错之后还能培养出优秀的人。我们在特定的社会背景下、特定的条件和环境下尽力而为。育儿一部分是运气的结果，但很多情况是通过我们这个社会所做的选择创造出来的——通过我们推动或不推动的政策和法律，通过我们设计和实施的制度实践，以及我们与他人的具体互动。

第六章
被分化的应得性

　　政府出现在新加坡人的日常生活中就好像空气出现在人的生活中一样。没有一本探讨不平等和贫困的书会不讨论政府在这些状况中的位置，否则这本书就是不完整的。在本章中，我会展开讲解新加坡福利政策的关键原则，并探讨它对我们造成的重要影响：我们的"新加坡特质"。

　　本章摘自我发表在更学术化环境中的文章。① 虽然我已经重新撰写一遍好让一般读者更容易理解，不过文中仍然保留了一些较为严谨的学术研究结构和专业术语。希望读者不会望而却步——本章之所以放在本书的中心位置是因为这正是我们挑战的核心所在。

　　或许这难读的一章可以提醒我们，想拨乱反正、消除不公平有多么困难。在我们的社会之中，心系减少不公平

---

① Teo（2015）；Teo（2017）。

现象的人所面临的挑战是系统上的、文化上的、错综复杂的。

我是一名社会学家。我接受的专业训练和我的专业角色让我提问、寻找、解构、分析和批评。我清楚地认识到这并不足以带来改变。但是，我认为这是改变过程的重要部分，也是想象可选解决方案的先决条件。要找出问题的解决方案，首先要问对问题，才能准确判断和抓住成败关键。如果我们在了解清楚问题之前就制定解决方案，那方案不可避免地会受到局限。

阅读本章之前，请记得两个简单的问题：我们能否解决在前文描述中的贫困和不平等问题？是什么阻碍了问题的解决？

公共资源的配给：有薪工作和婚姻的中心地位

在住房、医疗保健、退休和照护这些需求方面，新加坡政府深度干预和管制着资源的供应渠道与取得的途径。但是从公民的视角来看，如此强烈的干预并没有转化为公民能取得资源的保证。若想满足这些需求，一个人必须有稳定的就业和婚姻，并且男性和女性必须扮演各自的性别角色。这些需求在多大程度上能被满足以及能否持续、长久地被满足，更是取决于收入是否足以进行储蓄或投资，以及能否维持家庭内部相互依存的经济关系。

从公共住房到医疗保健、从育儿支援到退休生活，本质上，人们只有拥有稳定和持续的有薪工作，然后才能用工作收入去购买它们。我们没有普及全民的保障制度。新加坡人必须通过与就业关联的、强制从工作收入中提取供款的法定储蓄账户——公积金来满足这些需求，然而光靠公积金通常并不足够。失业人员、家庭主妇、伤残人士、老年长者，这些在生活中没有工作收入，必须依赖有工作的家庭成员的人，只有在迫不得已的最后时刻才会寻求公共援助。

服务性的补贴取决于刻板的家庭形式——结婚并维持婚姻状态是取得公共资源，尤其是住房的先决条件。丈夫负责挣钱养家、妻子负责照顾家庭，这类按照性别分工受到育儿支持政策（例如产假/陪产假、托儿所津贴、雇用外劳家庭帮佣的法规、已婚在职母亲税务减免）的支持而强化。独身人士较难申请到公共住房。人们在离婚后就要出让组屋。未婚妈妈得到的育儿补贴较少；直到 2016 年 4 月宣布更改规定前，未婚妈妈甚至无法享有政府补助的带薪产假。未婚女性及其子女不能构成"核心家庭"来申请公共住房。医疗补助必须事先通过经济审查，包括患者及其家人的收入和储蓄情况。没有收入的老年人必须证明没有成年子女可以赡养自己才能受到援助。

通过工作收入来支付各种需求意味着不论是暂时地还是永久地，公民一旦失业或无法工作就会极度缺乏保障。这对于收入不多、无法在工作时留出余钱储蓄或投资的人，以及如同之前所述，没有通过婚姻关系与其他有收入者联结的人来说，后果尤其严重。公共住房和医疗保健高度依赖于固定收入，倘若个人或家庭存款不足，这些生活基本保障的花销就会直接和迅速地吞噬工作收入。取得援助的资格把个人和其他家庭成员高度绑定，因此一旦发生婚姻问题或家庭矛盾，个人就非常容易失去容身之处，连基本生活都成问题。尤其是带孩子没有工作的女性，倘若失去与挣钱养家的男性的联结，就意味着妈妈和孩子可能会立即陷入困境。

其中的关键原则是（把工作收入当作满足生存需求的主要方式，以及通过特定婚姻形式作为取得公共援助的标准）以"自力更生"和"保护亚洲传统家庭价值"的说法来正当化。其中的逻辑是，如果国家做得太多，可能破坏工作精神和家庭相互依存关系。无论是有意还是无意，我们都应该知道这么做的结果是：公共资源的可得性是个体化和分化的——你只能得到你被允许得到的，以及你有能力买到的。

制度化

在新加坡，个体化和分化的公共资源可得性模式，并非自由市场力量的副作用或必然结果。它不只是国家论述或仅仅是种修辞，相反，它是被国家机构深度制度化和再现的——借由特定的、管制的、广泛的制约因素来塑造人们取得公共资源的途径、质量和数量。

首先，新加坡有许多国家层面的制度。在这里的所有公民都必须参与国家的义务教育系统。这里的医疗保健由"私立"和"公立"医院提供，不过两种医院都由国家协调和监管。[①] 新加坡大部分住房通过国家代理机构——建屋发展局建造和出售。最后，政府机构强制规定并掌控着所有受雇的公民和永久居民的个人公积金储蓄。

最后一个制度值得详细说明。除了教育方面的补贴比较普及，学费相对较为低廉（如果不算上课外补习费用的话）外，医疗、住房和退休的资金都是通过中央公积金系统来进行个体化处理的。

每一名有工作的新加坡公民或永久居民都必须开设中央公积金账户，并将一部分月薪存入其中。中央公积金分成三个账户，须按照特定比例供款，分别是一般账

---

① Lim（2013a）。

户（Ordinary Account，OA）、特别账户（Special Account，SA），以及医疗储蓄账户（Medisave Account，MA）。中央公积金账户一部分由员工供款，另一部分则由雇主供款，供款的比例主要取决于年龄和收入。个人账户累积的存款可以作为退休保障、用于购买组屋、支付医疗保健费用以及投资特定金融产品。中央公积金制度与欧洲养老金制度不同点在于，中央公积金的钱是属于个人所有的。在55岁之前，个人可从一般账户提钱购买组屋或支付住院医疗费用。在年满55岁后，个人只可以从中央公积金账户中把高于最低存款金要求部分的钱提取出来，这是为了防止有人在55岁就把钱用光。2009年起，参与中央公积金的成员都被加入了"中央公积金终身入息计划"（CPF Life），成员从65岁开始可终生每月领取年金。这项计划具有风险共担和保险成分，所有参与"中央公积金终身入息计划"的人在身故前都能一直收到退休金，不过这项计划的资金来源结构取决于个人账户，因此每个人每月可领取的金额取决于其在55岁时个人账户里有多少钱。通过中央公积金购买组屋、支付医疗费用与保障退休生活的能力，将由一个人一生中受雇的时长以及受雇期间的薪资收入水平而定。

之所以谈及新加坡的中央公积金系统制度化了公共资源的获取途径，以及这些途径是个体化的，是为了指出下面几点：

第一点，这是强制性的制度，无法不参与。① 这是制度化概念的最重要基础——即某些做法成为规范性的、理所当然的，且影响深远。

第二点，公积金对于供款和使用都有明确严格的规定：政府设定、调整中央公积金账户的供款率，甚至退休后账户仍有必须留存的最低金额。另外的规定还包括使用中央公积金支付医疗费用时必须负责的自费部分，还规定已婚／离婚夫妇若使用中央公积金来购买组屋，日后出售时需要将卖房款退还到他们的中央公积金个人账户中。

第三点，各类机构之间关系密切并高度协同运作，无论购买房子还是寻求住院治疗，都会触发来自不同政府机构的官僚主义干预。

第四点，中央公积金账户没有设立社会范围内的移转手段——无论是跨世代或跨阶层。② 个人为自己的退休生活、住房和医疗保健的筹资能力，取决于其工作时收到的薪酬多少。

---

① 在退休后拥有充足的其他收入的人可以申请豁免无须维持账户最低余额，但退休前必须持续供款到账户是强制规定。

② 家人间可以跨世代移转，不过这属于偶发性质。满足退休需求（符合中央公积金管理局规定）的个人可以将资金转入其父母、岳父母、祖父母或配偶的祖父母的中央公积金账户中。

第五点，由于中央公积金通常不够应付所有需求，[①]因此个人需要有额外搭配的储蓄、投资、保险或其他收入来源（包括能抚养他们的成年子女），才能充分满足所有需求。

最后一点，政府认可、鼓励和服务于分化的市场：公共住房的面积大小和价格不同，变相影射出不同的社会地位；人民可以购买不同"等级"的病房和不同类型的医院服务，候诊时间的长短取决于个人对支付价格的承受能力；托儿所和幼儿园的价格与质量也都天差地别。

因此，满足基本需求的制度强制新加坡人遵照以下原则生活：通过稳定、连续的就业来承担个体责任与"自力更生"；社会保障的普遍缺失；最低限度的收入再分配；家庭成员间必须相互依赖，其中"家庭"定义为个体单元，而相互依赖则必须符合特定性别角色及代际照顾。重要的是，人们可以取得的服务类型和质量取决于人们（不尽相同）的支付能力。

补漏式的、特定的和有条件的"帮助"

在国民讨论中，公共住房、医疗保健、教育和退休保

[①] Bhaskaran、Ho、Low、Tan、Vadaketh 与 Yeoh（2012）；Hui（2012）；Ng（2013）。

障通常不被界定为"福利"。这恰如其分地表明了这些产品或服务并非广泛普及的公民权利。相反，近似于其他自由主义国家，如美国和英国，"福利"通常狭义地指代针对低收入人口的援助。在这些国家中，福利是一个代表过度依赖、寄生行为和例外论的负面含义措辞。时常有新加坡公民宣称"我们不是福利国家"并以此暗示这是正面的事情。

毫不意外，旨在解决"例外状况"——富裕城市的低收入人口——的公共政策在设计之时就会忧虑有想"搭便车"占政策便宜的人。这些政策是补漏式的而非综合全面的，是针对少数人特定式的（通过资产和收入状况调查），而且附带严格条件的。

新加坡政府根据三个原则来谋划其应对"贫困人口"的方法："帮助贫困人士及其家人自力更生；鼓励家庭成为贫困人士的第一道支持线；鼓励社区组织通过'多方援手'（Many Helping Hands）计划参与援助贫困人士。"[1]

近年来，新加坡出现了很多针对低收入家庭的复杂计划。他们旨在提升低薪工作者的收入（例如就业入息补助计划 Workfare Income Supplement，WIS）、补贴低收入家

---

[1] 社会及家庭发展部（Ministry of Social and Family Development）（2017）。

庭学前教育费用（例如社区关怀托育津贴 ComCare Child Care Subsidies）、协助低收入家庭渡过难关（例如社区关怀紧急援助基金 ComCare Urgent Financial Assistance），以及补贴低收入者的医药费用（例如保健基金 Medifund）。

  这些计划有三个密不可分的特征值得注意：第一个特征，它们是补漏式的福利政策。它们显然是针对一小撮特定新加坡人而制定的，而非关于社会保障的普遍公民权利。的确，这些计划很明确就是为了例外状况：尽管大多数新加坡人过得挺好，但是还有少数人过得不好，因此他们需要额外的"帮助"，而这些计划正是为他们而存在的。[1] 这是补漏式、纠错式的措施，因为并非一切都能"留给市场解决"。[2]

  与第一个特征有关系的第二个特征是，这些计划的覆盖范围很小。就实际情况看来，它们都是针对符合狭隘标准的特定人群或家庭来制定固定的援助金额。就业入息补助计划补贴的是年满 35 岁，每月所得低于 2000 新加坡元，并在三个月内至少受雇工作过一个月的就业人口。满足这些条件的人能够领取多少补助金，受到许多因素的综合影响，包括年龄、收入、住宅价值，以及他们从事的是授薪

---

[1] Shanmugaratnam（2014）。

[2] Shanmugaratnam（2011）。

工作还是自雇工作。就业入息补助中有 40% 以现金发放，剩余的 60% 直接汇入中央公积金账户。这些细节让我们知道这些计划是为了满足狭义的需求而配置的。

这些政策被设计成确保没有人会得到超出国家认为他们应有"需求"之外的援助。此中利弊不仅在于低收入者可能没有受到足够支持，也在于这种界定援助的方式会给符合"受助者"资格的人打上例外的和最"贫困"的印记，从而产生侮辱性。类似的，想通过社区关怀机构（ComCare）申请临时现金援助的申请人，必须通过严苛的经济审查（主要是为了确保该家庭在当时没有足够的收入来源），并且每三到六个月都要复查一次。

我很意外经常有受访者告诉我，因为手续实在太麻烦，他们不打算申请"援助"，更令我感到吃惊的是，他们觉得那些钱应该"留给其他更有需要的人"。即使他们自己已经属于全体人口中收入最低的一群人，他们似乎也理所当然地认为"自力更生"至为重要。虽然他们境况堪虞，却仍坚持认为自己"没事，还能应付"。

第三个特征，援助的条件是基于个人的社会身份与日常行动，加深了政府援助是"帮助"那些"最贫困的人"而非全体公民都享有的社会保障这一观念。阶层与家庭性别角色是影响一个人取得公共资源的关键因素。例如育儿支持就是分化的［支持的类型（产假、婴儿奖金、税务减免、育儿补贴）、补贴金额，以及支持的渠道（外籍家庭雇工、托育中心或幼儿园）］，根据家庭收入、母亲的收入、婚姻状况和母亲的就业状况而有所不同。低收入女性如果希望在育儿方面取得支持，持续就业是前提条件——反映出有薪工作是一种被提倡的社会规范以及此类援助的条件性。

如果只注意某些特定计划，似乎会感觉低收入者是许多"福利"的聚焦点。在我呈现研究内容的许多讲座中，我都会听到听众们发表类似的评论：我们现在已经有很多针对低收入人口的项目，政府已经做了很多事情。但是，只要退一步并纵观全局，就会发现在我们的制度中，低收入新加坡人在满足住房、育儿、医疗保健和长期保障的需求方面最为艰难。在当代新加坡，要确保自己能够满足这些需求，最重要的事情是要有工作收入及组成特定形式的家庭。我们是如此地视其为理所当然，以至于我们极少追问公共资源为何、如何被规划得像寻常商业产品和服务一样。①

在现行的参与市场和购买所需的逻辑框架内，只要我

---

① 林方源（Jeremy Lim）关于医疗制度的著作提醒我们医疗系统是不久前才从较为普及和公共资助的形式，转变为个人化及私人支付的形式，详见 Lim（2013a）。

们仍然不讨论低工资与剥削劳工的问题，只要我们继续毫无疑问地接受"家庭"只有异性恋这一种形式，那么无法满足自身需求的人就会持续被看成"失败者"，或是被认为是"从缝隙中掉落"的例外。几乎在所有我参加过的、涉及贫困议题的活动中都会出现的一句话是"找到真正需要帮助的人"。这句话告诉我们，即使是在那些关心贫困问题的人当中，认为有些低收入者不过是因为不够努力才无法成功的观念也如同常识一样被接受。如果从没想象过谁"不是真正需要帮助的人"，又怎么会提出要找到"真正需要帮助的人"呢？

被分化的应得性

从公共资源的设计和交付方式里，我们能明白什么是我说的被分化的应得性。即根据一个人的身份和生活方式，享有不同类型的公共服务和不同程度的公共支持。

在这里我想指出歧视和分化这两个概念间微妙的区别。歧视是描述社会上的某些群体，在取得商品和服务方面的机会不均等，意即某些人因为属于某类群体而取得更多或更少资源的过程。歧视的概念非常有用，它让我们看到不平等待遇。但是，歧视概念没有进一步检验我们的假设：为什么某些社会分类是天经地义的，不同分类之间保持着清晰的边界。例如，我们可能会说，住房政策歧视未婚人士——他们无法如已婚人士那样获取公共住房资源。这样的表达方法没错，但它假定"未婚"和"已婚"的分类是理所当然的——人们会组成具有一致性的群体并从属于它，而按照结婚与否分配住房是自然而然的事。

而"分化"，一方面促使我们更有创造性地思考这个过程。它使我们意识到，我们在创造分类的同时也在为不同类别标签赋予意义。这个概念提醒我们，社会类别并非自然形成，并且一旦被创造出来，他们就不单是官僚机构的标签，也成为构成个人身份的重要部分。另一方面，分化会产生特定行事方式并赋予类别标签以特定意义。通过各种公共政策错综复杂的共同作用（包括关于"未婚"及"已婚"人士规定的例子）我们界定了这些类别的内涵，让它在社会意义上变得真实和有意义。在新加坡社会中，已婚或未婚开始关联具体的特质，成为我们了解自己和别人的重要视角。

我们不仅要关注歧视也要关注分化，为此我们要看到以下分类（丈夫/妻子、异性恋/同性恋、老年人/年轻人、在职/无业、已婚/未婚、养育子女/没有子女、身心健全/身心障碍、大学毕业/非大学毕业）成为新加坡当代社会的分类方式，正是因为它们在我们的公共政策中、对我们满足关键需求有举足轻重的影响。公共政策不仅强调男性和女性或收入多和收入少的人有不同程度的福利，也给个人的行事赋予意义。异性恋、展现女性特质、就业均为获取重要资源的必要非充分条件。异性恋必须通过在相对年轻时就步入婚姻来体现；女德必须以婚姻、就业和母职来实践；就业必须连续、稳定、收入充足，并将所得留在核心家庭中。以这种方式，政策依据社会类别和日常行事方式把公民标记为不同角色、具有不同责任和权利的人。推行异性恋正统主义（婚姻、持续就业、拥有符合社会经济状况的子女数量、与父母或子女构筑代际依赖）是关键。一旦在任何环节中偏离既定轨迹，就要在社会福利及保障方面付出代价。

总而言之，新加坡的福利制度具有以下特点：首先，人们必须通过参与正规就业来满足住房、医疗保健、育儿和退休生活方面的需求，没有工作就没有匹配他们的安全网。其次，新加坡政府高度监管和协调公共资源的取得。尽管社会支出和收入再分配的力度不大，但制度化与掌控的力度却非如此。政府机构、法律及政策共同把高度个体化和分化的公共资源获取方式制度化。组成符合异性恋常态形式的家庭很重要，经济参与的方式也必须以家庭成员间相互依赖的特定形式来领会。最后，虽然无法通过市场参与来满足需求的低收入者也会受到关注，不过这类"帮助"是补漏式的、特定的和有条件的。林林总总的类型和质量的服务被贴上不同价格标签，自然会衍生出不平等。生活在这样的城市里，能够拥有什么样的住房、医疗、教育和育儿服务，完全取决于我们能花多少钱，因此我们开始接受自己应得的服务水平是根据财富多少来决定的。

尽管最近政府开始提倡"社会包容"，但实际上其执行的社会制度却非常缺乏社会成员相互间的义务意识。[①] 相反地，每个人都必须照顾作为个体的自己和个体家庭，这才是我们通过日常行事而造就的伦理准则。

身为新加坡人必须面对的两种现实，或，顾客可以顾及其他顾客吗？

当我写到这里时，国庆日即将到来。军机吊挂国旗飞越天空。灯柱贴满展现我们多元文化面孔的横幅。收音机反复播放赞颂我们国家与荣耀的歌曲。新加坡人从大大小小各方面均被提醒，我们是一个国家、一个民族、一个新加坡。这种国家/民族主义（通过符号来表现团结）每年此时尤为强烈，但其他时候也不会完全消失。在新加坡，

---

① Somers（2008）。

"为了国家""为了更美好的社会"这类言语,仍然在公共论述中出现而不会被台下观众嘲笑,也不会显得老土和天真。这是我们国家/民族文化的一个方面;我们共同的表达中包含这样的主张:在新加坡,我们不像"西方"那般强调个人主义。我们把社会置于自我之上。

这种表达在某方面是正确的,或许在其他社会里也是这样,包括备受指摘的"西方"社会。人类在社会中生活,而生活在社会里——尤其是城市——需要某种程度的合作和利他,就是某种程度上放弃个体利益来换取更大的集体利益。

但是,我们的国家会由一群将社会置于自我之上的人组成这个理想(一个社会学家梦寐以求的状态),每天都受到新加坡生活中其他社会风气的挑战:没有谁欠你什么,以及人不为己天诛地灭(例如各家自扫门前雪)。这些想法也成了我们的文化。

社会伦理诞生于集体的行事之道。我们应该关心自己每一天行事所依循的原则(立业成家、住房申请、生儿育女、存退休金、付补习费、给孩子们灌输"孝顺"的观念),因为这些都是构成公共伦理的基石。

决定我们是否获得公共资源的机制和原则里,什么样的人被标记为好公民而应该得到更多?什么样的人被标记为不太好因而应该得到较少？在强调自力更生和家庭是第一道支持线的制度下，关于人和人在社会中的联结方式，什么样子是可想象的，什么样子是不可想象的呢？

　　成为个别家庭中的个体（有着特定的行为、计划、渴求和财富）是带来应得性的根源。我们看到这种逻辑中内嵌着一种个体主义的驱动思想：人是个体、家庭是个体的单元。人人都应该基于自身利益行事，必须自强自助，必须自力更生，尽量减少对别人的依赖。按照这种驱动思想，依赖别人是终极的个人失败和社会弊病。人们生活境况各异（有人荣华富贵，而另一些人却艰难困苦）是因为这就是他们应得的生活。

　　每一天都这样思考和生活，不平等就必然出现。

　　社会对"最大公益"的口号式追逐对抗着我们体验到的现实。

　　相互义务、共同责任和集体权利——让我们能依此生活的社会机制在哪里？在现实生活中，我们对社会成员的定义中，将应得性视为个人的挑战、任务和责任。所谓的传统"亚洲家庭"事实上只是个幌子——通过个体化单元，我们理所当然地让自己的生活与同胞们脱离。

　　如果每个人都要为自己的生活需求付费，并且不断被提醒，我们得到的等于我们付出的、只要支付超出自己应该分摊的部分就是不公平，我们真的能看到并顾及同样站在收银台前的其他人吗？

顾客可以顾及其他顾客吗？

我们的国家/民族话语强调牺牲奉献、社区共荣、集体利益。我们的社会制度和日常生活却强推个人主义、相互竞争、自我中心。

改革

改革是当务之急，尤其是在人口快速老龄化和社会福利支出偏低的东亚国家。当前的制度仍待完善、有必要对其进行改革是新加坡执政者与政客们的共识。

最近的干预措施具有两个突出的特点：第一，关注的重点在于就业。第二，扩充更多针对低收入者的计划。第一套干预措施的主要目的是激励雇主留任原本可能裁撤的员工。除了就业补助金，也制订一系列计划来补贴公司继续聘用年长或低薪劳工或让员工参与培训计划。第二套干预措施则是针对低收入家庭的计划，包括短期现金援助和育儿与学费津贴。如同前面提到的，这些计划通常被设计为短期措施，须通过严格的经济状况审查并符合特定的家庭形式与惯例，而且金额通常不大。

政策背后依然延续的基本原则值得注意。

首先，原则上仍强烈抗拒普惠性。尽管事实上政府已经有一些动作在保障一定的基本需求，包括中央公积金终身入息计划（CFP Life）和终身健保计划（MediShield Life），前者是提供与工作收入相应的晚年收入，后者则旨在为所有公民和永久居民提供医疗保险，主要是补贴昂贵的医疗费用（例如某些慢性疾病、外科手术及住院治疗）。

对于普惠性的抗拒主要以三种方式展现：第一种，在讨论建设社会包容有多重要时，很少听到关于收入重新分配的论述。相反地，对提高所得税有所担忧的声音在政府主导的社会福利讨论中不断穿插。我们持续听到新加坡对全球企业和"人才"的吸引力，取决于其维持低税率的说法。研究社会福利制度的学者丹尼尔·贝兰德（Daniel Béland）指出，如果说关注收入差距水平意味着关心垂直意象，理解地位的不同阶层，那么关注"社会排斥"则意味着关心水平空间的隐喻，理解主流与边缘的分离。[1] 新加坡的状况中，愈来愈多人提出"社会包容"的说法，但对于导致了排斥现象的权力关系和剥削却鲜有考量。回避直白地讨论不平等、讨论人们不仅需要"融入"还需要收入重新分配的诉求，阻碍了关于普惠性的对话。

---

[1] Béland（2007）。

第二种持续回避普惠性（甚至主动防止的方式）是继续采用近年来推行的计划大都配有的、精心校准的经济状况审查。我们在针对儿童教育和护理的各种补贴、针对低收入者的现金援助与收入补贴计划，以及规定医疗服务获取路径的各种政策中，都可以看到这一点。

第三种避免普惠性的方式并不那么明显：隔离贫困问题。关于贫困的国家舆论中，关于"慈善"的观念，以及生活宽裕的人"帮助"生活拮据的人的观念，变得愈发突出。随之而来的是，大量新的专门机构、项目、计划和人员来协助"穷人"。以这种方式对待贫困问题，等于将之孤立——把少数人遇到的问题和挑战与其他人脱离开来。这让贫困问题脱离导致其产生的政治经济成因。重要的是，这甚至将公共干预拟定为"慈善"和"帮助"（换句话说，这超出公共责任的范畴）受助者只是受助者，而非有权获得某些基本福利和保障的社会成员。

除了持续抗拒普惠性外，最近的改革措施也坚持申明家庭的中心地位。正如艾斯平 – 安德森（Esping-Andersen）指出的，[1] 在巩固人与人的关系方面，对家庭的承诺与投入可能是好事；然而，当从女性的角度来看，实际的结果

---

[1] Esping-Andersen（1997）。

往往是负担不均等和被迫依赖。新加坡政府在推行增强就业机会的相关措施时，很少注意到分裂的家庭性别角色与职场性别不平等的问题。政府针对"工作与生活和谐"（Work-Life Harmony）所推出的政策，实际上却再度申明了女性就业和家务责任的双重负担。① 与此相关的是，异性恋正统主义——包括两性的特定角色和性取向的特定表现——仍然深受国家制度和执政方式的肯定。关于公共住房、育儿、在职福利的各种政策，母亲和父亲、未婚妈妈和已婚妇女、已婚夫妇及未婚人士的待遇仍有差别。因此，迄今为止的改革几乎没有指向社会分化的应得性内在原则的真正瓦解。

通过对已成为制度背后的原则及常识的个人至上主义与分化的应得性避重就轻，最近的改革继续确认个人行事和"选择"的重要性，并接受结果中出现的分化和不平等。规避普惠性的议题，就无法着手创建以相互共同责任为道德伦理基础的公民权利，正如玛格丽特·萨默斯（Margaret Somers）所说的，"平等公民之间存在相互但不相等的权利和义务"。

---

① Teo（2013）。

现在要怎么办？

新自由主义显然在社会内部造成极大的贫富差距。参考基尼系数，在富裕国家中，新加坡的收入不平等问题尤为严重。[①] 在 2016 年，新加坡收入排在前 10% 分位家庭的月均收入为 12773 新加坡元，是 81% 至 90% 分位家庭月均收入（5958 新加坡元）的 2.1 倍，是 41% 至 50% 分位家庭月均收入（2339 新加坡元）的 5.4 倍，是收入最低 10% 分位家庭月均收入（543 新加坡元）的 23 倍。[②]

身为富裕城市里的穷人且不符合政府政策纲领定义的"理想家庭"所需付出的代价显而易见：缺乏住房保障、身处恶劣的居住条件；因为没钱而害怕就医；孩子在小学一年级入学开始就落于人后；无法满足家人照护需求缺口而使家庭的收入难以提升；由于缺乏积蓄而晚景凄凉——甚至连三餐温饱都成问题。换句话说，福利与保障在新加坡人口的低收入层中尤为迫切。

随着人口老龄化、家庭规模缩小、资本主义危机加剧以及工作稳定性降低，我们必须面对的现实是，人们对于社会保障的需求增大。换句话说，尽管本书的重点一直放在收入最少的人口身上，但是他们面对的不安全和不稳定

---

① Lim（2013b）。
② 新加坡统计局（2016）。

的状况并不是被隔绝在低收入人群之外的。根据在世界各地看到的景象，我们并不是在谈论一个只涉及少数人或者会自行消失的问题。①

在能适当满足所有人的需求之前，我们必须检视被分化的应得性，原因至少有两个：第一个，也是最明显的一个，倘若被分化的应得性被内嵌于社会政策的基本原则中，那由资本主义所引发的不平等就不会因为国家政策而缓解，反而会因为国家政策而加剧。换句话说，只要在公共资源上的可得性存在极大差异，且其在很大程度上取决于一个人在资本主义经济中的地位，一个人参与市场的优势或劣势就会反映在他们获得公共资源的互动上。此外，事实证明这样的分化也迫使人们展现出特定的"家庭"性别角色和性取向特质；随着愈来愈多人晚婚、拒婚、离婚及生育意愿降低（基于各种与社会保障和福利相关的原因），只要政策持续固守僵化的家庭形式就必然无法满足实际需求。

在我们考虑未来发展之路时，我们必须认真审视被分化的应得性的第二个原因是：正如我之前论及的，国家政策不仅造成歧视，也在产生特定的类别、个体化取向和感受。这对政治改革有着重要影响。这种治理模式造就的不

---

① Standing（2011）。

仅是一个反社会凝聚的国家,还是因各种利益争夺而被撕裂的社会,一个由高度个体化成员所组成的社会,这里的公民接受了某些人就应该得到更多,另一些人就应该得到较少。如此一来,通往扩大福利的改革之路将难以平坦顺遂,其中的部分原因正是受到当前福利措施所影响的这个"社会"。

为了满足人们的需求、为社会带来更大的福祉,我们分裂的意识形态一边是将集体利益优先于个人利益;另一边是适者生存各顾各家必须被整合。

为了解决我们社会中的不平等问题,不公正分配的财富、权力、无尊严和个体困境,我们不能只做顾客。

顾客可以顾及其他顾客吗?不,我们不能。

第七章
需要、想要、尊严

由 L 于 2017 年绘制。

一个家庭中两个分别为 10 岁和 9 岁的男孩被社工邀请参加许愿计划，他们可以许下任意的、90 新加坡元以下的心愿。几个月后，他们会得知有没有参与计划的捐赠机构会帮忙实现他们的愿望。我问社工是不是所有愿望都能实现，他告诉我一些常见的问题，例如（有些）捐赠者坚持捐赠实物，而非现金，因此有时送来的礼物并不完全符合孩子的心意。去年就有一个男孩收到的礼物是他没那么喜欢的粉红色背包（他想要的是紫色）。此外，等待愿望实现的时间长达 4 个月，因此许愿时想要的东西到了能够实现时，也许已经没有那么需要；此外，许愿计划中只有大约 80% 的愿望能够实现，那代表余下约 20% 孩子的愿望没有被回应。这种状况挺棘手的，因为孩子们在许愿时都很兴奋，最后某些孩子却只能看着其他孩子得到礼物。也许在捐赠者眼中他们的愿望没有那么"值得"；也许是社工替他们写的故事不够有吸引力；又或许是他们的愿望不被视为"需要"，而是"想要"。

想要常常就是需要。

我去拜访的那个下午，相较于哥哥的犹豫不决，弟弟很快就定好了愿望。"足球鞋，"他立刻说，"我的朋友们都有。"他在学校踢足球，教练问他为什么没足球鞋。他的所有朋友都有。我们用了几分钟确认他的鞋码，妈妈拿出卷尺测量他的脚，并去检查他现在上学穿的鞋子尺寸，还讨论球鞋大约会在什么时候收到，考虑接下来几个月里他的脚可能长大多少。毕竟我们是在八月讨论圣诞节的事。社工问他喜欢什么颜色、写下他的偏好。一阵忙乱后，男孩补充他还想要长袜，并用手比画了一种特定类型的鞋袋。他会说得这么具体是因为参加足球课外活动的很多朋友都拥有他所描述的这些东西。

两个男孩都非常认真地对待这次许愿机会,尤其是哥哥,他面带微笑,能看出他很兴奋能够参与许愿。不过他很快便转入沉思,仔细权衡各种愿望选项。坐在地上的他抬头望着母亲,想确认他的决定是否合适。

妈妈也一样很认真地对待这次许愿机会,她希望自己孩子的愿望能够实现,不过她也想确保孩子选的礼物是切实有用的,是他们迫切需要的和会经常使用的东西。妈妈起初建议实用的物品,如游泳裤,但哥哥并不感兴趣。"我已经有泳裤了",他低声嘟囔。妈妈提出这个建议是因为弟弟没有合适的泳裤,但是弟弟已经快速许下了想要足球鞋的愿望。不过当她看到哥哥略微失望和不情愿的表情后,妈妈做出了退让,让哥哥自己决定愿望。最后哥哥说想要羽毛球拍,因为他们现在的羽毛球拍已经很破旧了。

妈妈渴望孩子们的愿望能够实现的心意和孩子们的渴望一样强烈,也许更为强烈。我遇到过很多和她相似的父母,会说自己在条件允许时会为孩子买好一点的东西,如特定品牌的背包、特定款式的水壶或足球鞋。不是某个书包、水壶或某双鞋子,而是孩子想要的特定东西。任何做父母的都知道,摩阿娜(Moana)和凯蒂猫(Hello Kitty)不一样、蜘蛛侠(Spiderman)和皮卡丘(Pikachu)不能交换替代，背包可不仅是背包。

低收入的父母会提到当他们买不起孩子想要的东西时，会如何感觉对不起孩子。他们提到如果有富余的钱会如何花在孩子身上，但是又没法让这花销成为常态。他们尽量避免走进购物中心，这样他们才不会感到沮丧懊恼、内疚悔恨或感觉自己的孩子很可怜。

我们都有渴求的东西——一本新出版的书、一个帅气的钱包、一双新的鞋子、一部崭新的手机。我们都有需要的东西——一本新出版的书、一个帅气的钱包、一双新的鞋子、一部崭新的手机。

我们需要那本书，因为我们身边的朋友都有一本，并且大家都在不停地说起这本书。我们有钱包，但拿出来时会感到有点尴尬，因为它太老旧了。我们不能每天都穿同一双鞋，因为我们觉得同事们会发现。我们有了新手机会让我们感觉自己跟得上时代的步伐，没有被落下。

那些经常被认为是"想要"的东西，在特定情景下其实是"需要"，也就是社会学家艾莉逊·皮尤（Allison Pugh）研究发现的尊严需求（dignity needs）。[①] 这些东西能让我们感到自己归属于在乎的群体，我们能融入群体并从

---

① Pugh（2009）。

第七章 需要、想要、尊严 | 155

中得到尊重、接纳和爱。正如皮尤的书的标题所示，我们渴求某些事物是因为渴求归属感。

鞋子、衣服、背包、笔盒、贴纸、水壶、玩具，这些东西中有很多并非仅具有客观使用价值。它们能让孩子们参与并融入社会群体。它们能让孩子同时结交新朋友和维系老朋友。在不同社交情景中，如校园生活、足球练习、补习班、户外徒步等，这些大部分孩子都拥有的物品使他们能够自然地融入群体并成为其中的一分子。

家庭收入有限的孩子和家庭收入较高的孩子一样需要拥有朋友们都拥有的东西，才能像朋友们那样融入群体。这就包括在特定时间和场合拥有"对的"鞋子、背包、玩具，以及成年人眼中并没有什么用处的东西，如指尖陀螺、宠物小精灵卡片、史莱姆玩偶等。我遇到的父母希望实现孩子们的这些渴求，哪怕只能带来转瞬即逝的快乐，让孩子开心是成为好父母的重要构成部分。低收入父母无法也不会实现孩子所有的渴求，但他们是认识到这些东西对他们的孩子来说有多么重要的。

有时候，尊严会以一双黄白足球鞋的面貌出现。

第八章
尊严犹如洁净空气

这些年来，我无数次听人们提起他们和别人互动的微小细节。某某做了这某某做了那；某某对我说这我回复这，某某对我说那我回复那；某某是华人／马来人／印度人、年轻人／老人、男人／女人。我听了他们和邻居、朋友、家庭成员的互动。我听了他们和雇主、同事、老师的交流。我也听了他们和社工或社会服务组织的来往。

一名寡妇和我说她时常待在家里并把大门关上，因为她担心和男性邻居交谈会引起流言蜚语，而这种事以前曾发生过。一位父亲和我说他对儿子的老师很生气，因为她没有任何证据却指控他儿子做了某事。一位有两个小孩的妈妈告诉我，她不会再去（某社会服务机构）寻求帮助，因为她上次去的时候，那里的工作人员的回应只是叫她去找份工作。一位男性和我提到一个某族裔、短发、年纪不大的社工时说，光是回想起她的语气就令他感到恼怒。有人和我说，她情愿辞去薪水较多的工作而去做薪水较低的工作，因为之前的主管对她和她的同事们大呼小叫。

做定性研究（qualitative research）的人会注意到这些故事。起初似乎没什么值得特别注意的，但是时间久了，我开始看出其中的模式：互动时间通常很短，不超过几分钟，有时则是发生在很久之前的事。重要的是，他们和我说这些故事，主要是为了说明他们如何从中吸取教训，解释他们现在为什么会如此做决定和行事。这些遭遇虽然微小，却意义深远。我开始明白，人们谈论这些细节，是因为这些遭遇虽然短暂或者久远，但深深伤害了他们的感情。这些遭遇让他们感觉卑微，他们想避免再次经历这种感受。

*

我常遇到有人对我研究新加坡的贫困问题表示惊讶，他们说这里看不到贫困，不像其他城市，有很多无家可归的流浪者和乞丐。确实，每次去到其他城市，我会注意到那些混杂在摩天大楼、西装革履和星巴克（Starbucks）咖啡杯间的流浪者。同时，随着愈来愈了解新加坡低收入者从事的工作，我开始发现低收入人士时常出现在新加坡人的日常生活之中。在租赁社区中，我遇到了在我购物的便利店上班的收银员、我常去的加油站的服务员、给我送货的快递员，更常遇到的是我经常去的地方（如办公楼、公寓、购物中心）的保洁人员。在日常生活中注意到低薪劳工后，我发现我们说新加坡看不到贫困，部分原因是他们的存在被掩藏了，另一部分则是因为我们本就没有去看。

当我开始注意到从事低薪工作的人，我发现了一些现象，例如，很多人即使与他们直接互动也时常会无视他们。顾客通常不会和收银员打招呼或是和他们有眼神接触，上班族和公寓住户时常侧身避开保洁员仿佛他们是隐形人，司机会在车道上直接变线超过摩托和运送快递的车，主管和顾客会大声地、命令式地与他们交流。这就是低薪劳工的现实：最好的情况是如同隐形人般受到忽视，最差的情况则是遭到不尊重的呼喝。想了解低薪劳工为什么会记住并回想起看似微不足道的小事时，我们需要知道这个重要背景。

何谓尊严？是被重视的、被尊重的感受，是自尊感和自我价值感。一个人在哪里、如何得到这些呢？答案无非是在日常生活中。

例如，我的尊严来自任何一天都有许多人称我为"教授"，无论是通过电邮还是面对面，我都觉得受到尊重和重视。因为我的职称和薪水在释放出我做的事很重要和我值得获得回报的信号。如果我一整天没有去上班，也不会有人会威胁要扣减我的薪水；工作时也从来没有人对我呼喝。

一天下来，我从家里到办公室、课室、会议室、超市或加油站，我是被人看见的，大家会和我进行眼神接触。他们微笑、和我打招呼、感谢我、和我道别。当我站在收银台前，收银员会向我打招呼，而在我付钱之后，她向我表示感谢；我可以自由决定是否回应她，但她的职责中却包括要重视我这个客人。

尊严犹如洁净空气，我们不会注意到它的缺失直到它未被供给。你不会发现自己多需要它、对你来说它有多重要，除非你失去它。教授、银行家、律师、医生、政策制定者、政府部长、首席执行官，虽然职业各有不同，但我们的尊严需求都得到了持续满足，满足得如此理所当然以至于我们必须刻意地记住尊严是每个人共通的需求。过着低收入生活的人，微小的无礼和不尊重是他们日常生活的一部分，每天他们都在和尊严（无尊严）挣扎搏斗。

要求申请者提供十份文件来证明他们"真的穷困潦倒"有什么问题吗？为什么我们不应该不经思索地叫寻求援助的人去找工作然后让他们把孩子送到托儿所呢？把"帮助"框定为只是针对极少数人的处理形式有什么问题呢？

和我交谈的这些人为什么可以回忆那些看似微不足道的怠慢？为什么小小遭遇会对一个人造成如此大的影响？

这两组问题之间密不可分。这和尊严有关。在尊严需求没有获得满足的社会背景下，与国家机关的互动通常会加深而非减轻这种蔑视感。

当我发表演说时，尤其是在听众中有公务员的场合，经常听到的问题是：为什么他们不寻求帮助？我们有那么多的社会服务机构、那么多的专业人士可以提供帮助，还有那么多的程序、方案、计划，怎么会有人说低收入者缺乏寻求援助的途径呢？

*

这篇文章不是在讨论人们应该如何更礼貌更尊重地对待低收入者，尽管这些显然也是必要的。

我首先要郑重申明的事情是社会服务部门的工作者是我见过最善良的一群人。过去几年里，我与许多在社会服务部门中各种机构工作的人接触，有社工、辅导员和行政人员，他们的慷慨、善良和真诚都令我印象深刻。许多人选择在社会服务机构工作，就是因为他们相信回馈社会和帮助境遇较差的人（是很有意义的）。在这个部门中，我们很可能已经拥有最合适的人选。尽管无数受访者告诉我，正是这些人给他们带来了印象深刻的负面遭遇，但是如果单纯把问题归咎于对求助者没礼貌的或漠不关心的职员，我的分析就不会完整。基于我对社会服务工作者的了解，这么做尤其有失偏颇，也极不公平。因此，退一步放眼全局就很重要了。

低收入者把重心放在与他们互动的特定对象，是因为个人的体验在我们脑海里总是更为突出的。他们看到的不是组织整体而是人；与他们互动的不是抽象的"体制"，而是和活生生、会呼吸、坐在柜台另一边的人。但我从研究者的角度，听了那么多的故事和不同观点、看到反复出现的某些特定问题，便清楚这是属于体制层面的问题，而不是关于坏人的故事。

因此，我们要问的是：在我们的社会支持体制中，有什么会损害（求助者／低收入者的）尊严？想回答这个问题，我们必须先仔细检视体制结构及其背后的意识形态基础。

视贫困为例外

"自力更生"和"家庭是第一道支持线"原则，表明新加坡并没有全民性的政府津贴制度。公共住房、医疗保健与退休生活都主要取决于授薪工作和财富积累，以及能否通过婚姻来构建家庭。① 而对于无法工作或构建（特定意

---

① 详见本书第六章"被分化的应得性"。

义上）家庭的人，存在着所谓的"多方援手"，也就是家庭与"社区"间的协同关系。

在这种体制里，"贫困"被标注为极少数的例外。这种标注方式既以象征性的/抽象的方式出现，也以实质性的方式出现。

在象征和抽象的层面，新加坡人通常会被描述为中产阶层为主和生活舒适的人群，而贫困则是极少数的例外。[①] 尽管认识到国民愈发艰难于满足住房、医疗等需求，政府官员们却仍坚称，一般新加坡人只要工作，这类需求就都能得到满足。

与这种把大多数新加坡人定义为（通过从事有薪的工作）"自力更生"的中产阶层概念配套的，是将之转化为现实的具体政策。尽管政府没有制定官方的贫困线，[②] 针对贫困人口的政策一般将目标群体定为月总收入低于1900新加坡元或人均收入低于650新加坡元的家庭。主要的援助对象是新加坡收入最低的10%的家庭（公民和永久居民），并尤其着重因年老和（或）慢性疾病而无法工作也没有家

[①] 详见 Chua and Tan（1999）；Lim and Lee（2012）。
[②] 新加坡管理大学连氏社会创新中心（Lien Centre for Social Innovation）的研究人员在2013年提议设立贫穷线后，立即引发各个政府官员公开反对。详见 Basu（2013）；Chan（2013）。

人可以依靠的人。

这些特定标准和经济调查手段（包括收入、就业能力和家庭条件）将极少数家庭标记为"需要帮助的"。这表示许多家庭，例如收入最低的 30%，并没有被认为需要公共援助。而由于各种政府津贴都针对极低收入者，在这个不断赞颂财富和增长的社会环境下，申请和接受公共援助成为一种耻辱。政府没有设立贫困线，但通过标准非常严格的经济状况调查，将极少数群体标记为需要帮助的人。

设置专门援助"穷人"的机构会进一步加深贫困和低收入者是少数和例外的概念。"社区"的"多方援手"要不就是由政府发起组织的，要不就是政府官方直接运营的机构，如社会及家庭发展部（Ministry of Social and Family Development，MSF）、国家福利理事会（National Council of Social Service，NCSS）、人民协会（People's Association，PA）、5个社区发展理事会（Central Development Council，CDC）、20多个社会服务中心、近50个家庭服务中心（Family Service Centre，FSC），以及数不清的其他志愿福利团体（Voluntary Welfare Organization，VWO）和各个基于族裔的自助团体（Self-Help Group，SHG）。

这些组织在监管（针对接受公共援助的对象和提供服务的机构制定政策）、提供资金（制定并分配预算）、服务类型（例如咨询辅导、经济援助、项目运作）等方面扮演不同角色。MSF、NCSS 和 PA（以政策制定者、监管者和出资者的角色），对于提供服务的机构，如各间 CDC、SSO、FSC、VWO 及 SHG 的日常运作和工作目标有着很大的影响力。

一长串纷杂的缩写字母机构突显的是一定程度的分工。每个机构都有特定角色，并通过经费资助规则和"关键绩效指标"来问责。尽管有些服务内容重叠甚至重复，但最终不同机构都只会负责一小部分范围的计划和项目。因此，在构思问题解决方案时，这些机构的人会从狭义的角度检视"问题"，有时还会把问题拆解为不同部分，并从短期的角度考虑。[①]

他们没有系统性地检视贫困的起因，也没有提供重新检视贫困问题的条件和平台，而是专注于自己职责范围内问题的解决，他们花精力去制定问题解决方案，而非重新检视问题的定义。他们的职责是援助被归纳为特定类别的求助者，每天的工作目标是处理求助者的个人问题。由于被指派的任务是使用手上的预算进行特定的"援助"，他们没有权力或资源解决范围更大的体制问题，只能处理一小

---

① Irene Ng（2013）也指出社会服务机构业界存在分工的现象。她认为这会导致部分家庭"被忽略"。

部分群体的问题。相对于正视和解决问题——例如由于剥削外国劳工导致其低薪，以及教育体制不平等减少了向上流动的潜在机会——这些专门机构存在的目的不过是将"穷人"问题与公共财政的分配不平等这个更宏大的问题区分开来。

中高收入阶层的问题是基于不同的理念来进行处理的，与应对极低收入者的机构和政策工具有着显著的差别。政府对待生育的态度彰显了这一点：一方面通过减税、外籍家庭佣工政策和带薪产假来鼓励高学历高收入女性生育更多宝宝，而另一方面则通过所谓的"买房加教育计划"［Home Ownership Plus Education（HOPE）Scheme］给低收入者提供财务诱因来控制家庭成员数量。①

不论是否有意为之，这些只应对一小部分群体的专门机构与人员的存在，不过是将贫困问题与公共服务和公民权利的议题区分开来。

因此，其他按理应当参与解决贫困问题的政府机构就能置身事外，不用去处理他们的政策会如何加剧和再生产贫困问题。社会服务机构逐渐垄断贫困讨论的话语空间。

---

① "买房加教育计划"为低收入及教育程度较低的已婚夫妇（或有子女监护权的离婚/丧偶女性）提供住房补贴和各种补助，条件是他们只能生两个孩子。想取得该计划最大程度的补助，申请人须接受不可逆的绝育手术。

虽然其意在"援助",又或者正因如此,这些机构介入贫困问题的逻辑反而加深了视贫困为例外的信念。

视贫困为可容忍的

在一次次的田野笔记里,每次我与社工访谈的开头总是:(我观察到)她/他非常友善、善良、慷慨。在经历了几个月与社工的类似交谈之后,我被两件事触动了:第一,新加坡的这种反对福利主义的体制,在很大程度上有赖于社工出于善意、全力的帮忙;第二,也是很重要的一点,尽管社工们展现出非凡的慷慨和善良,他们的援助对象仍然经历着普遍的艰难和痛苦。从这些洞察中我敏感地感受到,社会福利机构的组织和援助项目的设计方式是吝啬的、有条件的,而且对援助对象和社工都有严格的限制。

在新加坡这个反福利主义的国家,贫困是可以容忍的。这种容忍并非社工的情感倾向。这种容忍是制度上、官方化的容忍。最终,这也限制了社工们为解决贫困问题带来变革的潜在可能。

为什么会这样呢?

各种政策和法规定好了谁、怎么做及做什么;谁可以获得援助、谁可以提供援助;援助者和受助者必须走的流程;以及谁可以谁不可以参与到其中。由于政府在这方面的支出相对偏低,因此必须极度依赖从业者、志愿者们的善良和慷慨。尽管他们充满善意、工作努力,但社会服务者只能接触和提供有限的资源、项目和计划给他们的援助对象。事实上,他们必须遵守的规定和标准,都在确保援助对象只能获得限定的、有条件的、有限制的援助。可这些并不足以长远地解决求助者的问题。

援助低收入者的项目在设计之时就假定,只要有机会,低收入者就会占便宜;到处是想白占便宜的人;过度援助会令人们不努力工作、不愿"自力更生"。

例如,家庭服务中心的社工可以运用一个叫作海峡时报校园零用钱基金(Straits Times School Pocket Money Fund),简称 SPMF,资金是由新加坡的主要报社《海峡时报》(*The Straits Times*)筹募,由家庭服务中心、特殊/职业学校(Special/Vocational Schools)和儿童之家(Children's Homes)的社工负责管理。海峡时报校园零用钱基金的资助对象为家庭人均月收入低于 450 新加坡元的就学儿童。小学生、初中生、高中生每个月可分别拿到 60、95 和 120 新加坡元的零用钱。假设每个月的上学日有 20 天,就等于每天是 3、4.75 和 6 新加坡元。加入该计划前,社工必须对申请者进行详细审查,包括确定孩子是否固定上学。审查期间社工要进行家访以评估申请者是否合适。另外,社工们每 3 到 6 个月都要重新审查一次。尽管某些"长期案例"也许可以领取 4 年的资助，但大多数申请者一般只能领取两年。社工们告诉我，他们经常会建议申请者间歇性参与或退出海峡时报校园零用钱基金，以尽可能延长可申领资助的时间、覆盖孩子的上学年限。

海峡时报校园零用钱基金对低收入者来说是重要的援助形式，也可能是家庭服务中心能提供的最常规的援助资金。不难察觉，这项计划的特点和其他财务援助计划大同小异：金额固定，援助非常有限；必须接受严格审查，申请者必须让社工到家里访查，并定期提供工作记录、家庭历史等资料，这些监控和审查没过多久又要重复；申请人必须遵守规定和展现特定行为以持续符合参与资格。

为什么这个例子会显示出，贫困是制度上/官方化地可容忍的？因为如果这些微薄的援助对求助者来说都很重要，那这些家庭在经济上已是可以想象的捉襟见肘。而作为针对这些群体的援助计划、同时也是相对而言比较容易申请成功的少数援助计划之一，却仍然是有条件和有限的。为了符合领取这么一丁点儿钱的资格，低收入者必须持续接受审查、遵守规定。政府没有探究为什么富裕社会竟存在如此严重的贫困问题，而把重点放在这些需要援助的人身上，持续考察他们是否表现出值得这笔微薄援助的应得性。我们因此得知，这些旨在"帮助"的机构，内在的逻辑是他们知道这些人的困苦挣扎，并对这种极度贫困和艰苦的状况有着高度的容忍。换而言之，这些不是谚语中所谓的"掉进了裂缝"一样不被察觉的人——他们是体制知道他们处于极度糟糕状态的人。他们的情况糟糕到愿意回答各种私人问题，以便让自己的孩子能在午休时吃上饭。这既是体制对穷苦生活的容忍——求助者无法满足自己孩子的基本需求；也是对求助者寻求帮助时遭遇侮辱的容忍——失去尊严，让人审视自己的生活，以换取一点点金钱。这个例子说明了新加坡是如何精心调整其有条件的援助机制：一个人必须走投无路才能获得帮助，即便如此，制度还是不断容忍这种受苦的状态，因为援助可能遭到拒绝、中止，甚至最终收回。

第二个例子能进一步说明这些机构是如何把对苦难的容忍变成习惯的：在这里，不符合援助标准的人基本上会被忽略并留在体制之外。在这些完全被排除在外的人里面，越来越多的是"外来新娘"，她们是与低收入男性公民结婚的女子，不具有公民或永久居民身份。[1] 因为新加坡的移民政策，学历低的人不太可能申请到永久居留权或公民身

---

[1] 关于这种跨国婚姻的分析，详见 Jongwilaiwan 与 Thompson（2013）。

份。社工在所服务的社区里虽然见到外来新娘的人数逐渐增加，却几乎无法为她们做任何事。为了提供援助，社工必须设法找到她们与新加坡公民的联结，例如她们的配偶，或是在某些情况下，她们的公民子女，可以成为援助的申请人。然而，若她们与配偶离婚了，或是没有具有公民身份的子女，社工们几乎无能为力。有些社工会设法给她们带点食物或捐赠物品，但也仅限于此。他们替这些女性感到难过，也尽力帮忙，但最终她们无法进入援助系统。

　　制度为社工和社会服务组织设定的目标与规定，导致了贫困被制度化为可容忍的现象。在我与社工的对话中，他们经常提到"关键绩效指标"。这些机构的管理者发现自己与这些绩效指标紧密相连，并受到来自政府部门与其他资助者的压力。相应地，职员们必须在规定时间内处理完一定数量的案件。社工必须思考自己接手的案件数量，更重要的是，有多少案件能够完结。根据社工们的说法，结案可能代表着某个家庭暂时脱离危机，例如，某个家庭成员找到了有薪工作。然而，低收入家庭面临的问题通常是复杂的、多样的，而且问题之间还相互影响。这些问题常包括无法偿还欠债、家人关系紧张、缺乏资历导致无法维持工作稳定、儿童或青少年的叛逆行为、滥用药物或吸毒、家庭暴力等。①通常比较明显的问题暂时解决后社工就可以结案，例如原本无业的人找到低薪工作，但持续性和长期性的问题则无法被处理。结案数量是成功的指标，等于满足"绩效"和关键绩效指标，这种做法导致机构越来越能够容忍低收入者的艰难处境。

要领会社会服务机构如何容忍贫困不断蔓延，我们必须重新检视这些机构的分工方式。较大笔的援助资金原本是通过社区发展理事会分配，自2013年改由社会服务中心分配，而个案援助和咨商辅导则是由家庭服务中心以及其他志愿福利团体提供。虽然各机构会一起召开案例管理会议，但这种分工方式的后果之一是评估财务援助时的非人性化。真正深度了解求助家庭、了解其中复杂的问题和困苦而希望守护他们的人，通常不会是分配社区关怀基金（ComCare Fund）②的人。这种区隔和分工的结果是，在提供援助的个体层面上，使普遍而重复的挣扎和困苦变得可以容忍。

而要明白为什么与求助者直接接触的各种组织必须遵守规定，以及他们为什么没有空间去重新思考问题和扩大"需要帮助者"的范围，我们必须明确这个领域的一个

---

① 亦可详见 Ng（2013）。
② 社区关怀基金的相关信息，参见社会及家庭发展部（2017）。

重要事实：金钱就是权力。社会及家庭发展部是主要资助者，负责制定组织的职责、人员构成，并促使这些组织通过实施各种项目来竞争资金。志愿福利团体作为非营利组织，它们自身的存续就必须遵循社会及家庭发展部的规定，以及其政策背后的假设，按其设定的缓急次序来进行运作。在这些机构做事的人必须能容忍援助的对象经历困苦，若非这样，这些组织可能根本就无法存续去帮助人，而这对他们来说是一个更糟糕的选择。

总而言之，容忍挣扎与困苦已制度化并成为社会服务机构日常工作的一部分。这与社会服务工作者的想法和情绪无关，事实上，如果是有关的话，以我认识社工的慷慨和友善程度，他们必然会对低收入者投入更多同情、提供更多援助。与之相对，援助的金额、纳入援助资格的标准，以及评估和审查的规定，反映出对挣扎与困苦生活的高度容忍。根据社工们自己的说法，许多贫困家庭存在长久以来未被满足的需求，很少能通过可持续的方式得到解决。①

---

① 制度上对苦难的容忍也许也能解释社工受访者告诉我的他们的高离职率。他们经历的"职业倦息"，似乎一部分来自觉得自己已经这么努力工作和很希望帮上忙，却看到受助对象持续在困境中挣扎。制度可以忍受的，社工个体却常常无法承受。详见 Ng et. al.（2008）。

视贫困为个人的"心态"问题

专门机构和人员在解决问题过程中,主要把贫困归咎于个人,这也基本上符合新自由资本主义国家崇尚的个人主义伦理和有差异的应得性概念。[①] 社工按照机构的既定程序做事,而这些程序通常将个人的问题视为"心态"和"行为"的结果。社工的内心也有一部分认为,贫困源于态度和行为。他们明白当前状况不太可能有实质改善,但他们仍须为日常工作订立目标——因此会不自觉地寻找被援助者"心态"上的变化。在资源缺乏的环境下工作——资源既是有限的,还取决于严苛的标准——提供服务的组织和人员的工作基本上是在资源有限的理解框架下开展的。在这种情况下,他们很自然地会寻找被援助者的"心态"展现出应得的迹象,以证明如此分配有限的资源是有道理的。此外,指导他们工作的程序也在正式化这种做法。这些做法都是基于这样的信念,即解决贫困问题,应该通过改变当事者的态度、改变他们对自己的看法,以及他们与世界的关联。[②]

[①] 详见本书第六章"被分化的应得性"。

[②] 此种现象并非新加坡独有,正如姆莱纳森(Mullainathan)和沙菲尔(Shafir)在 2013 年出版的《匮乏经济学》(*Scarcity: Why Having Too Little Means So Much*)所指出的,美国人普遍认为穷人的问题与他们的想法、处世,以及无法做出好决定有很大关系。

为了清楚说明这一点,我来描述一下求助者第一次走进家庭服务中心(Family Service Centre)的情况。首先,他们要通过所谓的"I&R",也就是信息与转介服务(Information and Referral),又称为"接案"(Intake)。工作人员会接待并询问他们的基本信息,包括家人和家庭状况,例如他们与家庭成员的就业情况和收入,以及他们是否正在接受或曾经接受援助。工作人员也会了解他们来家庭服务中心的原因,以及如何适当地转介他们。如有必须深度介入的事件或问题,而且无法转介到其他组织,社工就会当即或在下一次会面时,绘制"家系图"(genogram)和"生态图"(ecogram),评估他们的家庭成员之间,以及他们和社区人员之间的互动关系。社工的角色是厘清个案与其他人的关联,找出他们可以运用哪些资源,以及他们可能符合资格的项目和计划。家系图和生态图也有助于了解求助者是否已经用尽所有其他选项,这是分析求助者是否具有"独立自强"的"正确心态"的最初衡量标准。

社工进行家访时会做进一步评估。由于自力更生和独立自强是机构的基本原则,因此社工的责任是寻找求助者这方面的迹象。首先,短期内有限的援助,代表求助者从寻求和获得援助的那一刻起,社工的任务从根本上就是努力让他们摆脱援助。援助并非长远之计，而是补丁式的、快速修补的，只足以让求助者暂时渡过短期难关。这就不难理解为什么社工会急于寻找改变的迹象，看求助者是否往"自力更生"的方向前进。

一名社工如此描述他们的目标（和障碍）：

> 身为社工，我想，我们一直想做到**助人自助**，你懂的……这是终极的目标。因此，有时候当事者没有真正去**努力**，这会让人有点气馁（加粗部分是我想强调的）。

另一名社工则着重说明了他们为什么必须从一开始就强调当事者应通过工作自力更生：

> 我很抱歉这么说，不过老实说，只有在你没手没脚时，政府才会帮你，但是即便如此，他们提供的帮助也只是够你最基本的生存所需。仅此而已。但如果你有手有脚，你最好还是找点工作做。而且今天即使你没手没脚了，你仍可以从事电话语音服务，做一些工作。你必须这样做。

在援助作为稀缺资源的背景下，社工也必须找出"真正有需要的人"。这从各种方面都有体现。例如，在我与社工的交流中，很多人提到电视的事。他们告诉我，无论看上去多贫困——没钱买食物、付房租和付账单，但很多人的家里竟然有平板电视。他们说有些人会用分期付款来买电视，且可能会还不起分期账单。这里的潜台词是：如果买得起平板电视，要不你就是没有宣称的那么穷，不然就是更严重的问题，你的金钱观不正确。这并不是指社工会对求助者做出区分、形成差别待遇。但是，基于求助者在各个阶段都必须依赖于社工是否愿意联络不同机构，并安排额外家访来指导他们如何取得援助，社工对求助者的观感，如他们的积极程度、态度好坏，都难以避免地影响到社工为某求助者或家庭发声的程度。展现正确的"心态"可给社工多一点推动力，让社工为他们多出一点力。

根据社工的描述，大多数人的问题是深层且复杂的，因此很少人能在受到援助后情况立刻好转。但是，社会工作者必须在短时间内对案件进行审查和重新评估。这会发生什么呢？他们要找寻什么呢？如果要符合制度的期望，那机构审查时就会寻找改变，哪怕只是细微调整。在缺乏真正的改变的情况下，社工就只能从主观的角度去审视受助对象。在这种背景下，他们会寻找具有"正确心态"、愿意改变的人，其中最主要的是看他们是否有找工作的意愿。

有个社工向我描述一名不想工作的妈妈，虽然她工作了就会有资格获得托儿中心的补贴。社工表示：

"他们要求财务上和各式各样的援助。但他们自身却没有真正努力解决自己的问题。"

她对于求助者在接受援助后没有展现出正确的心态感到沮丧。她想看到的不必是脱胎换骨的改变，只需是"努力"的迹象。身为老师、教授，我完全可以理解她的沮丧，我们也常说希望学生不要只记住知识点，也要展现出认真学习、尝试理解材料上的内容的努力。但是我必须指出，与那些有很多年的时间可以证明自己且许多人学完一门课后知识就会增加的学生不同，受助对象不太可能在援助期结束后就"取得成功"——在经济状况上大幅改善。因此他们是否"努力"，就成为有没有改变的唯一标志。短暂的审查期使社工必须寻找这些标志，尽管他们明白援助的效果有限。

因此，虽然社工知晓求助者的问题深层而复杂，也同情求助者在找工作时遇到的各种挑战，但是社工所处的环境，让他们必须把重点放在求助者对自身问题的反应上。相较于强调贫困者所面临的结构性挑战和限制，他们仍会经常回到审视求助者心态的问题上。以下的引述可以清楚说明这一点：

因为我都告诉我的当事者，你知道吗，依靠志愿福利团体容易，但是你必须想想，它们给你的钱并不多。学校零用钱是多少？小学生每个月55新加坡元、中学生每个月90新加坡元，你从我们这里得到100多新加坡元，你出去工作就有1000新加坡元。这多了几倍啊？你能养家，能存钱，还能给家人买东西。我的意思是，你从我们这里拿150新加坡元，拿两年，但你去工作可以得到800新加坡元，你会有更多钱，知道吗？有时候你必须让他们了解，如果去工作，收入会更多。而且若可以赚钱养家，就不用依赖志愿福利团体和政府的补助券。有时候他们并不这么认为。我的意思是有时候他们只是，我不知道，因为他们的兄弟姊妹都这样，他们的父母也一直这么做，又或者他们的亲戚都这样，所以就变成常态。你知道吗？就是如果我没钱，我不会先想到要去找工作，而是去向家庭服务中心或者去政府求助。**所以重要的是改变这种心态，让他们知道如果能够自力更生，就可以赚更多钱，而且你的小孩不会步你的后尘。你知道吗？**因为我们真的看到事情在一代又一代人中重演。嗯，小孩辍学，你明白这循环的。嗯，**我觉得要改变这些人的心态真的是一个挑战。**（加粗部分是我想强调的）

第八章　尊严犹如洁净空气 | 179

社工知道援助稀缺且有限，因此会寻找当事者有没有尝试自力更生的迹象——主要是看工作意愿。如果当事者"不够努力"，他们会感到沮丧。由于心态、想法和价值观不可能一朝一夕就发生大变化，持续发生的贫困问题则会被长期归咎于个人的心态，这就模糊了，甚至掩盖了福利政策的各种限制。

今日待办
熨衣服
做饭
为 pay u 充值
带 J 去看医生
值夜班
转变心态

*

过去几年里，我向各种听众演说了研究内容。我发现这种关于低收入者必须改变心态的想法在听众中根深蒂固。大众一般有如此认知，而公务员或政策制定者尤为明显。听到我谈论遇到的人多认真工作却仍遭遇绝望时，有些人会坚持把话题转移到那些"只是没有动力"自力更生的人,他们担心我对制度过度苛责,而不是给低收入者提供"动能"。他们希望我更多谈论这群人,要我建议如何"轻轻推动"他们以特定方式行事。他们想知道:我们可以做些什么,才能"赋能"低收入者,让他们自力更生?

这种想法的问题在于——它不是求助者的想法,而是相对有权有势的人的想法。是,权力并非一种心态,而是一种实质状态。掌权者之所以强大,不是因为他们感觉自己被赋能,而是因为他们拥有权力。他们被赋能的感觉是实际拥有权力的结果,而非原因。一个人可以想——事实上,许多与我交谈的低收入者都这样想——"我可以做到,我要尽力"。但实际情况是,假使一个人缺乏力量——无法掌控时间、在劳务市场缺乏议价能力,或是无力与经理、老师、社工、房东、债主讨价还价,通过改变对自己的看法并不会改变这些现实。

提及动机、正确的心态和主观能动性,这些都只是强力干扰,导致我们无法看清其实贫困与不平等是相关联的。它们是转移注意力的手段,以避免承认贫困是在我们的体制中被不断再生产的。每次被问到这些问题,我都会想,这实在很讽刺,我们的确有所谓的主观能动性:这个体制是由人所创造的。而这些创造体制的人中有许多都认为低收入者的问题在于没有正确的心态。

尊严需求

在新加坡,申请经济援助是可耻的。[1] 这些项目很明确地被定义为是面向极少数人提供的特殊计划。根据世界各地的社会政策研究,我们得知某项目如果是例外的,而非普遍的,尤其当项目的目标对象是收入最低的群体,那加入项目就会伴随着耻辱。[2] 耻辱和尊严正好相反,它使人感到羞愧、觉得自己不如别人。向社区关怀基金寻求帮助会令人感到羞愧,而领取育儿津贴不会。我看到有些人已经走投无路却坚持自己"还过得去",告诉我宁可再想想其他办法也不愿去社会服务中心求助。

过程很重要。

以下是我归纳的一些有过求助经历的人说的不愿再寻求援助的原因:他们会从头问到尾,询问我各种私人问

---

[1] 前面段落描述的是家庭服务中心的流程,该机构的员工皆为社工。如同先前所述,家庭服务中心能够提供的金钱援助十分有限。若想取得财务援助,就要到社会服务中心,正是在这里,缺乏尊严的问题尤其明显。不过我们必须注意的是,人的经历绝不"只是"家庭服务中心,或者"只是"社会服务中心,因为在社工眼里,分工也许很清楚,但是寻求协助的人通常将它们视为一个整体,事实上,他们会把这些机构都当作"政府"。

[2] 详见 Gugushvili 与 Hirsch(2014)。

题。他们叫我带 10 份不同的文件，如果文件中有一个错误，我就得再去一次。我没时间做这些事，因为我要做事情、接孩子放学、煮饭、打扫卫生。我要在家陪孩子，我不希望他们像我一样误入歧途，而上次去到那里，工作人员只不过是叫我去找工作。最后，最重要的是，就算我什么都做对了，也符合资格，他们也就提供一点点援助，尽管我对此很感激，但这只能够帮助我渡过这次危机，却无法避免下一次危机来临。3 个月后，6 个月后，我必须又重新经历一次这些程序，这次我必须回答：为什么我的银行账户里有 50 新加坡元？我为提升收入做出什么努力？我的孩子为什么不去学生托管中心？总是有没完没了的问题在等着我。

　　整个过程带来两方面的感受：第一，你不信任我，认为我想骗你。第二，你不了解我生活的全貌。你告诉我要做什么的时候，你既不理解我，也不打算真正看见我。这样的过程会伤害个人的自尊、尊严感和价值感。我之前描绘的背景很重要。当一个原本应该是来帮助你的人，没有把你当成在生活中有着复杂问题的完整的人来看待了解，而是按清单不断提问，像审问犯人一样审问你，这会进一步加剧在日常生活中缺乏尊严的感受。

有条件的尊严是什么样的？

某天早上，我在撰写本文时，看到了一系列由连氏基金会（Lien Foundation）委托制作的短片。这个项目名为"元気柿子"（Genki Kaki），邀请了两名年长的新加坡女性去日本，了解日本在人口老龄化的情况下做了什么。她们参观了"为老人设计的购物中心、餐厅、商店街、健身房，和在东京及其周边地区提供居住和日间托管的设施"。①

这些短片让我深受感动，里面介绍了各种各样的组织为了照顾长者的需求而设计的各种空间和物品。在短片中，年轻人以平常而非居高临下的语气与老年人交谈，也诚挚地表达了对老年人的智慧和知识的重视。尊敬长者，让长者们感受到就算变老后也仍是社会的一员，长者们的表情和肢体语言具有安全感和价值感——这些画面对我来说很陌生。我心想：噢，原来这才是尊严真正的模样。

那时我意识到，我所描述的感受到受人尊敬、尊重、有价值的时刻，都是转瞬即逝的。我得到的尊重是有条件的，它来源于我在社会中具有经济生产力，而且相对较为富裕。这样的尊重和我身为人类、作为社会成员而与生俱来的受尊重的权利没有任何关联。要获得尊重的条件性

---

① http://genkikaki.com。

是很明显的，因为我看到，不具备类似条件的人得不到我能得到的尊重，而比我拥有更多权力和财富的人，他们看起来更被尊重。如果尊重的表现会因社会阶层而产生这么大的差别，我们还能否尊重人本身，而非他们的身份地位呢？

以狭隘的条件为基础的尊重容易失去。我认为这与相信每个人的内在价值和完整性所产生的相互尊重是迥然不同的。

此书是关于不平等和贫困的，它不只是关于贫困。我希望我们作为一个社会可以努力让最贫困的成员脱离贫困，让他们能满足基本需求、过上体面的生活。我们可以改善援助分配制度，不要让求助者感到耻辱。我们可以而且必须采取措施以解决低收入者所面临的问题。然而，当我在反思尊严这件事时，我发现这并非只是"他们的问题"。乍看之下，似乎尊严需求只会影响低收入者，但是如果进一步审视，我们就会发现这是所有人都要面对的境况。只要我们身为人类的幸福和价值与经济上的生产力、收入、组织家庭的方式紧密相连，每个人都会有丧失尊严的风险。在这样的社会风气下，没有人拥有与生俱来作为人的价值。

我在短片里看到的很可能不是日本生活的全貌，不过仍然让我们瞥见一种可能的理想生活样貌。它允许我们想象一种在不同生活条件下或是生活条件改变时仍然持久存在的尊重、价值感和尊严。这种尊严不会因为关联个人的经济生产力而总有过期的一天。这申明了我们作为人的价值。这种感觉与我们的现状很不同，但这看起来令人惊叹。

第九章
家丑外扬

　　作为社会学家发展事业迄今，我选择了涉及政府和政策研究的项目。在研究过程中，根据实证结果，难免对政府和政策有所批评。作为学者可以预料到，有人会支持我，当然也有人会抵触我的言论。这些在新加坡的学术会议和研讨会上、当听众拿着麦克风提问或发表评论时表现得尤其明显。什么样的人倾向支持、什么样的人倾向批评，是有一定模式的，基于此，我也观察到这些观点都有一定的基础。具体而言，一个人在哪里从事何种职业，以及这些职业和政府的关联有多密切，都会或多或少地影响他们的想法和感受。这会直接影响他们如何解读我的研究，以及他们认为我的研究是在强化还是弱化他们对世界的已有感知。这并不令人惊讶，我们的实质利益和我们每天工作的机构都会影响我们的世界观、价值判断，以及我们很可能没有意识到的一点——忠诚度。

　　多年来，我一直这样解释自己面对的情况，总体上它是能帮到我的——我学会了不要把批评当成是对我个人的意见。我发现了在和不同听众说话时，调整语调有多重要。我理解，甚至在一定程度上尊重有些人不想听我认为必须要说的事。这种思考模式对我很有帮助——我学会从别人的角度看待事物，即使我不认同他们的观点。我改进自己的沟通方式，因为我希望能与人真正交流，而不是一个人唱独角戏。

这次对于贫困和不平等的研究将这些经历提升到了新的层面。有时候，只有我们观察到从未见过的新反应时，才会真正意识到自己在做什么。

触动敏感神经

在前文中，我讨论了国家和社会内部的叙事。我提到在研讨会上发生的两件事：当我描述完一位受访者无家可归，她的孩子必须每天凌晨4点到公共厕所洗冷水澡的经历后，一名男子打趣地说他也洗冷水澡，而这没有什么大不了的，因为新加坡非常炎热；当我谈到臭虫无处不在时，另一个人轻描淡写地说，他的成长环境里也充斥着臭虫。在本章里，我要谈谈这些打趣的话语如何让这些发言者感到尊严而非羞耻，因为他们的话语暗示着自己的进步，形成的是关于克服困难和最终获胜的叙事。重要的是，他们的说法与经济发展、成长、财富、繁荣这样的国家叙事非常契合。他们不想听到会扰乱国家叙事的故事，破坏国家叙事等于扰乱他们内在的个人叙事。在 2017 年的新加坡，听到了更像在 1965 年的新加坡会发生的故事，这令他们感到不安，这会冲击他们故事的合理性，也会扰乱他们在社会中向上流动的道德正当性，让他们质疑现在自己拥有的一切是否真的受之无愧。

对于明显已经"成功了"的人来说，例如前面打趣的那两名男子，他们是以轻松的方式对我的研究发表评论的。我之所以使用"打趣"来描述，是因为他们都是轻声地、迅速地，像是随口说一说，还伴随着笑容和笑声，目的是激发其他听众的笑声。他们想展现出大度而非小气、轻松而非深沉。我相信他们在那种场合这么说话，有一部分目的是想降低我研究结论的分量，并淡化受访者的艰苦经历。

在捍卫国家叙事时，这两名男子的语气得意又轻松。但我很快遇到了其他类型的、挟带着愤怒和侮辱的抵制，这让我更清楚地看到新加坡国家主义的纵深度、复杂性及矛盾性。新的问题也随之浮现：我，还有其他像我一样的人，用批判的滤镜来审视国家叙事时究竟是在做什么，以及在此过程中我们需要承受什么样的代价。

"你们为什么要这样讲新加坡？"

2017年，我在新加坡的一场学术会议上介绍了自己的研究。此前，我也曾多次发表关于新加坡低收入者的各种研究发现。当中有很多是针对以新加坡人为主的非学术界听众。有些听众鼓励支持我，也有些听众表达质疑。总的来说，由于参加演讲的听众都是出于自愿，也可能因为新加坡人不太习惯与人当面起冲突，所以我遇到的状况主要是前者。不过，这场研讨会和我的演说令一名听众感到十分不安和不快，部分原因是有些与会者来自新加坡以外的地方。

我以将要谈论一群在介绍新加坡时经常会受忽视的人作为我演讲的开场白。在短暂的演说时间里，我提到了这些人面对的苦难和挑战，以及社会政策在哪些方面没有认真应对到他们的需求。最后，我呼吁大众重视尊严，并且表达我们面临的问题，并非只牵涉到一小群新加坡人，而是关于我们共有的社会价值和归属感。到了问答环节，我看到一名长者举手，不过当我回答完第一轮问题后，已经没时间让她提问了。

会议一结束，她立刻走到我身边，非常愤慨地说："你们这些研究人员不该相信那种人。"我还没来得及回应，她继续说道："你只看到了'那种人'想让你看到的事。"她不耐烦地叹了口气，告诉我这些人实际上受到了政府很好的照顾，他们可以向社区发展理事会和国会议员（Member of Parliament，MP）[①]寻求帮助。她告诉我，我应该写信告诉总理关于他们的问题，这样政府就会帮助他们。我一开始很愿意和她谈话，想了解她为什么这么肯定我就是错的、她就是对的。但只要我一说话，她就变得更激动和提高音量，几次打断我说话。然后，她开始比画、挥动食指，反复说道："哎呀，你们这些学者，你们实在不该相信那种人。那些人没告诉你实情，我认识那种人。"她反复提到"那种人"，让我开始感到生气。我问她为什么一直把低收入者称为"那种人"，而且如此不尊重地谈论他们。这时，会议主办方注意到了我们有些激动，过来把我们分开，劝我们去吃午餐。

我对这事没有多想，不过在那天接下来的时间和第二天，我都确保自己和这位女士保持一定的距离。在研讨会接近尾声的最后半小时，主办方在谈及这两天的会议时，我惊讶地看着她走到麦克风前。她对我和另一位讲者发表的关于新加坡的言论仍然非常不满。在她第二次——这次是公开的——高声抱怨中，她重申是我们／我错了，她说移民群体（另一名讲者的论文主题）其实是非常富有的。接着，她转向对我的论文发表意见，表示正是像她一样的

[①] 社区发展理事会（CDC：Community Development Council）；国会议员（MP：Member of Parliament）。

"建国一代"（Pioneer Generation）才是真正在经历艰苦生活的人群，而住在组屋的"那种人"实际上"被照顾得挺好的"。然后，她建议我去陪同他们寻求帮助，甚至提出可以和我一起前去。

她的第二次爆发有两点令我印象深刻：第一，她的立场与我在之前提到的两名男性不太一样，甚至很可能截然相反。她的语气透露出愤怒，她生气是因为她认为像我这样的学者没有探讨她遇到的问题，而是把焦点放在"那种人"身上，也就是移民和住在租赁组屋里的人，理论上他们有资格去获取社会上已经存在的大部分的社会援助。关于这点，我必须同意那些在我研究重点范围之外的其他新加坡人也同样值得关注。

但是她反映的另一个方面却令我费解：如果她觉得自己在经历艰难困苦，对自己的处境感到不满，那为什么我会成为她怒火的宣泄目标呢？更惊奇的是，为什么政府在她的眼里如此出淤泥而不染？为什么她的苦难是我的责任，而非政府的责任呢？尽管她在前一天才对我说过同样的话，她这次用麦克风公开说这些话的表达方式说明，她希望非新加坡人的听众能够听到。她不开心，不只是因为她认为我错了，而是因为在她的心目中，我向不了解新加坡的人"发表了错误的观点"。换句话说，她是代表新加坡来澄清错误观点的。

前进吧！新加坡 [①]

那天晚上我失眠了，用了比平时多很多的时间浏览脸书（Facebook）上的新闻推送。我看到一些人和新闻媒体的页面转发了李显龙总理接受英国广播公司（British Broadcasting Corporation，BBC）《畅所欲言》（*HARDTalk*）节目专访的片段，其中一段引用引起了我的注意："我不会妄加干涉你们的新闻委员会如何运作，为什么你们会认为自己应当来告诉我该怎么管理我的国家呢？"这是总理在主持人斯蒂芬·萨克（Stephen Sackur）问如果英国就言论自由和新闻自由向新加坡施压，他会如何回应时所回答的一部分内容。我立刻想到，这样的回应一定很受人们欢迎吧。事实的确如此，赞扬之辞不断涌进李显龙总理的脸书页面，我逐字的复制如下：

回答得真好啊，总理先生！我要向您致敬。对！新加坡或许很小，但是我们足够强大到可以与大国并立！

[①] Majulah Singapura，新加坡国歌歌名。

总理，您回答问题时如此优雅、高贵、冷静。……您的答案展现出有教养的社会是前瞻的，一个坚守自己核心价值观的亚洲社会也能把想法表达清楚。

做得好，总理。李光耀总理与夫人一定以你为荣，就像我们新加坡人以你为荣一样。前进吧！新加坡。

总理先生，您的答案展现出风度和力量，主持人一定能感受到您的魄力。我的总理出色的应对让我备感自豪，相信许多人都深有同感。前进吧！新加坡！

李显龙总理：您体面地代表新加坡并且您的答复正是我想表达的。新加坡的进步不言自明地显示出新加坡走的是正确的道路。我们亚洲人最清楚，只有当我们丰衣足食富裕发达，这样我们说话时，世界上其他地方的人才会听。

最让我感到自豪的是您的自信。您向全世界展现我们知道自己在做什么，也知道自己想要什么。最重要的是，我们知道自己是什么人。我们没有自欺欺人、没有自卑，我们会专注于国家和民族的不断成长。再次感谢您，总理。

说得好。我们的总理反复展现出他是一位真正的绅士和外交官。其他国家可以从新加坡身上学到很多，包括我自己的国家。非常尊敬这个男人和新加坡。

"西方"喜欢用"民主"一词把我们拖住，好让他们为自己的政治或经济目的扶植傀儡。新加坡是主权国家，值得信赖的领导人不断让世界看到如何权衡领导与民主……我们走在正确的道路上，别没事找事……您回答得真好，总理先生。

深感自豪能有您作为我们的总理！面对如此无礼的问题和态度，您的回应是多么公正及客观。

你告诉他们（这才是对的），李先生！

萨克提问的角度以及李显龙完整的答案其实是相当有趣的。萨克的问题几乎被视为威胁——处理国民的自由权利缺失问题是继续贸易协商的前提。针对这点，在我们生活的世界里，这个问题只能一笑置之，而李总理正是这么做的。他基本上在嘲弄这个问题有多天真——他指出某些宣称重视公民自由的国家，如美国，不论过去、现在及未来都会和持续侵犯人权的国家（如石油资源丰富的国家）进行贸易往来，因为"你必须做生意"。接着他带安抚意味地补充，这是多元化的世界，要明白没有价值观是能普世适用的。这个说法大受欢迎，许多评论者都在脸书页面和其他网站引述他的话："这是多元化的世界，没人可以垄断品德或智慧。"

然而，尽管 30 分钟的访谈还有很多值得剖析和讨论的内容，但是某些群体积极的、近乎欢庆的反应，并没有在关注李先生所说的内容，而是关注他的语气，认为他成功地在英国广播公司这样的国际媒体舞台上表现出色：李显龙向"他们"展现了一个小国也可以有大作为，为新加坡争了光。

家丑岂可外扬

展现小国也有大作为是什么意思？这与某些人对我研究的回应有什么关系？

当然，总理个人脸书页面上的留言会有偏颇。不认同他的人可能不会在那里发表评论。但我不是在暗示对总理采访的所有留言都属于这一类积极回应，而是想指出这些正面的评价大都和民族自豪感有关，这种民族自豪感与新加坡标榜的国土虽小却进步繁荣有密切关联。在我以前的研究中能发现，这正是人们想到新加坡与世界相较时会想用的脚本。[①]

关于贫困和不平等的故事会扰乱这个脚本。近年来，关于生活成本上涨、不安全感加剧，以及新移民在这些趋势中扮演角色的种种抱怨出现，由此来看，新加坡人并非全然迷信于国家主导的经济发展，也没有对进步繁荣脚本中的代价视而不见。然而，这显然不是该让外人看到或评论的事。没有外人在的时候，这些怨言可以在不同环境下分开讨论。但总理接受英国广播公司采访时，他的责任是展现出国家最好的一面。前进吧！新加坡。

关于贫困和不平等的故事会让人感到不适，但它本该如此。正是这种不适感驱使我们采取行动。正是这种不适感让社会各界推动变革，使更多人能够享受经济发展的成果。

这种对于叙事扰动和不适感的抗拒，我原本以为主要来源于人们不愿放弃自身拥有的特权。我以为自己的任务是，不断努力让大家了解我们可以扰动原有的叙事，也可以建立别的叙事，而且我们当中某些人可以也应该放弃一

---

① Teo（2011）。

些既得利益,因为必然有更值得的回报。不过现在,我在另一个维度上发现了一个同样大——甚至更大的——使我们无法扰动原有叙事的障碍。

在民族自尊高于一切的情况下,人们很难接受自己的国家有贫困和不平等的问题。在此情景下,如果突显问题,国家就会有失颜面。我在那场学术会议上之所以会引起如此强烈的、针对我个人的反应,是因为我把家丑外扬了。我基本上成了叛徒。

本章所写的内容,对于在新加坡从事社会运动的人来说并非新鲜事。我看到那些致力于人权相关议题的朋友和熟人在网络上持续不断地遭到言语暴力,这使我相当震惊。这些攻击话语基本上来自以下论点:你们这些崇尚自由主义,在西方受教育的精英分子。就是这样,这就是全部的论点。这个短语构成了攻击的全部意义。如果没有把它和"你告诉他们(这才是对的),李先生!"放在一起审视,这几乎很难理解。尽管新加坡的官方语言是英语,尽管顶尖机构多半仍使用英国殖民时期的名称并引以为傲,尽管人们都公认优秀的学生必须去哈佛、斯坦福、剑桥、牛津,尽管我们普遍接纳了"西方"的流行文化和生活方式,又或许正因如此,我们有一种强烈的渴望——当新加坡取得优于其他国家的成果时——抗拒"西方"。

可是这么棒的"新加坡"究竟是什么？什么样的人生活在这样的"新加坡"呢？这些"新加坡人"应该让哪些人感到骄傲自豪呢？一旦进入这个思考模式，差异就必须被压制。你要不就是与我一伙，要不就是与我为敌。如果你和我们是一伙的，你就不能谈论"我们"当中的偏差和不平等；只要你这么做了，你就是和我们作对，你效忠的一定是别人。

我们必须抵抗国家/民族主义倾向

我们必须超越这种思考模式。这种民族主义——为了维护国家/民族自豪感，宁可忽视问题；忽略错综复杂的现实，以满足成为"赢家"的短暂快乐；为了合理化自满的情绪而坚持从狭隘的视角看待社会——不仅会阻碍社会进步，而且会对社会和谐造成危险。

新加坡的贫困和不平等现象都是真实的。你可以用各种方法切分数据，从不同角度解释这些问题如何产生及终会过去。但是无论如何切分，这里都有真实的生活、真实的人、真实的苦难。折磨他们的是现实的规则、现实的政策、现实的制度。而不承认问题的存在及其严重性，不承认这些问题与财富的关联，无疑是双重暴行。忽视权贵阶层必须承担的责任和义务，这在道德上不可取。因此，我们不该让个体叙事、国家叙事或国家／民族主义叙事迫使我们将目光转向别处。

2017年对于那些在乎品德、正直、公平和正义的人来说，是感到绝望的一年。我们应该放眼新加坡以外的世界，并且这么做时不应只按照本能需要寻求肯定。如果新加坡是如此小而全球化，容易受全球趋势支配，那么我们必须关注和警惕某些趋势。当我们观察世界时，我们必须了解到国家／民族主义是一只丑恶的猛兽。它诱惑人们给其喂食，虽然喂养的后果尚未完全显现。但当我们看到社会撕裂——人与人之间的残忍和区别、文明的崩溃和对人格尊重的消逝——时，我们的应对不能是颂扬我们自己有多了不起或卓越。这种应对表达出的是对社会过度简化和不全面的看法，是不考虑当前的不平等和未来图景，暗含了跟划清界限的应对方式一样的本能。

刚开始考虑撰写此书时，我脑海中想写的是比较温和的文章——紧扣主题，只讨论我的研究范围和实证研究结果。然而，思考和撰写关于贫困和不平等的书，必然会发现很多事物都是息息相关的。所以，此书碰触了许多看似并不相关的主题：住房、学校、母亲、社工、个人主义、家庭假期、足球鞋、国家／民族主义、尊严。

如果接受社会生活是由许多互相联结、互相影响的事物组成的假定，那么应当有两个推论紧随其后：第一，专家学者不能待在安全区域，只在非常狭窄的专业领域范围内进行研究或发表评论。第二，也是更重要的一条，想法、知识、理解的产生，不能仅限于学者或其他"专家"，而是居住在这个地方和关心这个地方的每一个人的权利、任务和责任。为了实现这一点，参与其中的人必须对此深度投入并长期坚持。参与其中的首要导向就是绝不能妨碍到其他人的参与。

　　我希望此书读起来不会像用药指南一样复杂难懂。尽管我对事情要怎么处理或应当怎么处理有自己的观点和意见，但是我相信，我们可以也应该从不同角度审视问题和采取行动。我邀请所有读到这里的读者，考虑一下自己的日常生活、工作、家庭、选择或拒绝的东西，可以如何通过我提出的视角来加以理解。在进行这项研究的过程中，我很荣幸地认识到实际上已经有一个社群——由学者、社会运动人士、社工、艺术家及各种各样背景的思想家组成，他们抵制愤世嫉俗，也不愿接受现实就是如此。我邀请每个关心的人加入其中，成为一起创造新方向、新叙事、新创想和新理想的一部分。

　　家丑需要外扬。不要害羞，前进吧！

第十章
"种族"备忘录

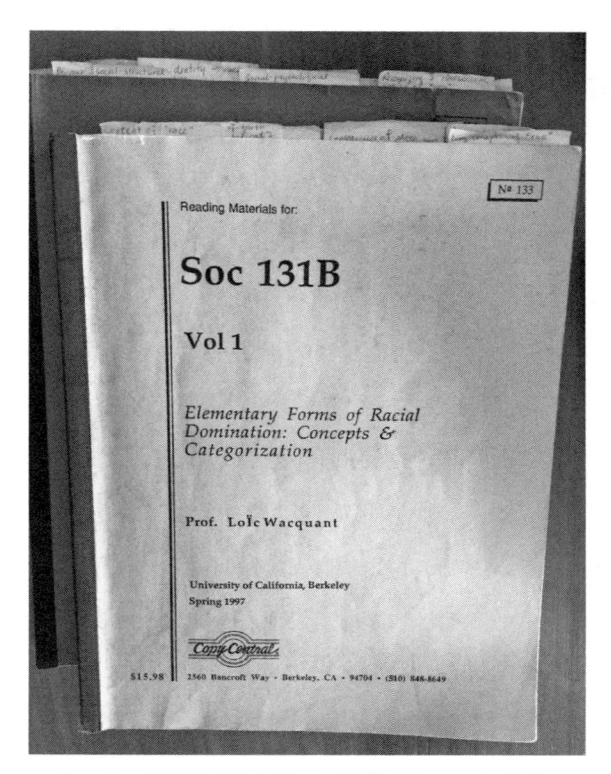

Soc131B 课程的阅读材料。由张优远于 2017 年拍摄。

1997年，我修了一门华康德（Loïc Wacquant）的课程，名为种族主导的基本形式（Elementary Forms of Racial Domination），这门课程完全改变了我理解"种族"的方式。[1]

在第一堂课上，华康德教授提出了两个基本规则：首先，凡是使用"种族"（race）这个词时都要加上引号。其次，不能使用"种族歧视"（racism）一词。在一门"种族"相关的课程中听到这些规定，令同学们感到非常意外；尤其是后者，在一群对于"种族歧视"问题高度敏感的学生中引发了不安情绪。

我现在仍然对这个课程的开场感受强烈。

给"种族"一词加上引号，可以防止出现概念混淆和以偏概全的现象，这个动作使得说出或写下这个词语的人记得"种族"是一个社会建构的概念。如何理解和感受"种族"、如何实践，以及实践的后果，都会因为时间和地点的变化而不尽相同。"种族"并非静态的、普遍适用的事实——设立群体界限的原则、它如何变得有意义，以及它对人们的生活有什么影响，也都会随着时间和地点的不同而改变。我们以为我们在谈论"种族"时知道自己在谈论些什么；

---

[1] 我推荐大家去看他这个课程的教学大纲：https://sociology.berkeley.edu/sites/default/files/documents/syllabi/Sp22/SOC182-RACIALDOMINATION%20SPRING%202022%20January%20version.docx.pdf。

事实证明，如果比较不同社会或不同时代，就会发现人们对于一个人属于什么"种族"，既可能根据外表特征判断，也可能根据社会经济地位，又或是同时受到数个原则影响，就像某些群体的后代是根据一种原则分类（例如祖先的地理起源），而另一些群体的后代则是根据其他原则分类（例如语言或宗教等文化习俗）。①

华康德指出，关于"种族"的普遍认知非常强烈——将"种族"刻画成亘古不变的实体——有时会压倒一切；原本要分析它的学者或学生很容易落入这种陷阱，在谈论它时认为它是普世适用、不言自明的真理，一种稳定的事实，而不是由特定社会和政治过程驱动的结果。②倘若把普遍认知混淆成分析范畴，"种族"就很快成为解释各种不平等现象的理由，而非必须剖析和解释的对象。"种族"在特定背景下的运作方式、种族化的过程是我们在社会学131B课程（Soc 131B）时关注的内容，而非"种族"是或不是什么，亦非它对其他"变量"造成或不造成什么"影响"。③

20年后，当我读到塔-内西·科茨（Ta-Nehisi Coates）

---

① 例如详见 Wagley（1959），Davis（1991），Lancaster（1991），Chun（1996）。

② 亦可详见 Banton（1979）。

③ 详见 Wacquant（1997），亦可详见 Loveman（1999）。

在他精彩的著作《在世界与我之间》(*Between the World and Me*)[1] 一书中反复地把所谓"美国白人"称为"认为自己是白人的人",我深刻体会到科茨这种刺耳的表达的重要性。关于"种族"的普遍认知——认为那是亘古不变和不言自明的存在——是很危险的想法。因为相信自己是 X 而不是 Y 的人,也往往理所当然地认为 X 优越而 Y 劣等,并且事实必须一直成立,因为 X 和 Y 自古以来就是不同的实体。经由明确地划分界线和权力,很多人有意遗忘某些人如何成为 X、有些人如何被迫成为 Y,结果相信自己是 X 的人与他们认为是 Y 的人之间,这种不平衡的现象便永久化了。把"种族"加上引号让我们的立足点流动起来,使我们能够记住关于"种族"的说法是没有坚实的基础的。事实上,声称它有坚实基础的说法是权力的运作行为,而我们应该细致审视。

为什么禁止学生在课堂上使用"种族歧视"一词呢?这是为了避免造成第二种混淆——由于各种各样的程序、制度、意识形态和惯常做法的共同作用造就的种族。"种族歧视"是过度粗制的工具,我们无法从中了解到"种族"是经由以下特定做法才变得有意义和重要:"分类(包括范

---

[1] Coates (2015)。

畴化、偏见化和污名化）、歧视（基于所属的群组不同进行差别对待）、隔离（以实际空间和社会空间区分不同群体）、贫民窟化（强行发展两种没有交集的社会和组织结构），以及种族暴力（从人与人之间的恐吓和侵犯，到动用私刑、发起暴动与大屠杀，乃至是种族战争和种族灭绝）。"[1] 要了解"种族"如何在特定社会中发挥作用，以及种族如何产生和延续，必须用分析的滤镜去审视实际案例。我们不能使用"种族歧视"一词，因为这会阻碍分析。我们需要区分分类与歧视，区分隔离行为与贫民窟化。华康德的"种族主导的基本形式"清单指出种族的程度和强度是可以准确获取的，某些种族元素可能已经呈现，有些则仍没有。最重要的是，通过打开"种族歧视"这个黑匣子，其中的具体元素——分类、歧视、隔离、贫民窟化、暴力——能够驱使我们具体说明运作机制并命名行动者。每一个基本形式均在提醒我们，这形式都是权力所为的结果，而权力能有所为意味着有行使权力的行动者。

普遍认知和看到差异的倾向：贫困问题的种族化

贫困是由（所谓的）种族引起的问题吗？不是。这个

---

[1] Wacquant（1997）。

问题与"种族"和种族化（racialization）有联系吗？是的。我们能将贫困归因于"种族歧视"吗？不能。我们在进一步了解贫困与不平等的过程中，是否应该注意分类、歧视和隔离的种族化模式？大概是的。

在新加坡关于"种族"和贫困的普遍认知是什么样的呢？我们的普遍认知是，被分类为华人的人无疑就是"华人（Chinese）"、马来人永远是"马来人（Malay）"、印度人绝对是"印度人（Indian）"，再来就是"其他人（Other）"。不属于"其他人"类别的人通常不知道也不在乎"其他人"是什么，导致出现彻底的他者化（othering）现象。尽管在新加坡这些分类是到了近代社会才变得重要，但追溯其由来，却是殖民和后殖民统治者轻率分类的结果。① 尽管这种分类法的基本原则不时被揭示出具有不一致性和任意性，② 许多新加坡人仍然将 CMIO（Chinese，Malay，Indian，Other，CMIO）③ 视为不言自明的"种族"分类界线，认为那是原始的、基于生物学的事实，因此无法改变，并相信这样的分类法能显示同一类别的相似之处，以及不同

---

① 详见 Kathiravelu（2017）；PuruShotam（1998）；Chua（2003）；Rahim（1998）；Syed Hussein Alatas［2013（1977）］。

② 例如详见 Nur Asyiqin Mohamad Salleh（2017）。

③ 新加坡政府对"种族"的官方分类为——华人、马来人、印度人、其他群体。

类别之间存在文化风俗、观念和价值取向的差异。

这套普遍认知认为"种族"之间的一个重要差异是，不同的族群在从事经济活动的取向上存在差异，随之而来是很多人视为常识的不同种族间财富的差异——其中假定"华人"或"马来人"的种族身份会影响这些群体的动机、渴望和习惯。然后，基于这种假定，普遍认知就会进一步认为"马来人"没钱而"华人"有钱，是因为"马来人"懒惰而"华人"贪婪。[1]

我们怎么知道这些关于"种族"差异的普遍认知，到底是基于实证还是基于经验主义，是真实的还是虚假的呢？大部分情况下，当民间视角驱动分析时，人们会倾向于关注能证明自己的理论有效的证据。我们看到人们假设的"种族"差异可通过马来人在低收入人口中占比过高得到确认。我们不断发现有不做比较分析的研究、报告或新闻文章直接把问题归给"马来人群体"。突显种族间的不平等趋势是有价值的，我之后会再来谈这点。不过，我现在想指出的是，如果将"种族"差异作为出发点，而没有剖析差异具体是什么、是如何产生和存续下来的，则会导致我们作为一个社会整体，将不断强调差异，却不去深究和

---

[1] 详见 Syed Hussein Alatas [2013（1977）]。

理解。不去质疑分类、歧视、隔离等现象，就直接讨论"差异"，犹如在暴雨中开着没有雨刮的车。

我们怎么知道这些关于"种族"差异的普遍认知，到底是基于实证还是基于经验主义，是真实的还是虚假的呢？其中一个检验方法是控制阶层这个因素。这是什么意思呢？如果"马来人"和"华人"是截然不同的民族，习惯、情感、目标取向都不一样，那即使在阶层背景相同但种族不同的人中，我们应该也能看到这些差异。如果"种族"本身可以解释为什么某些人最后成为穷人，而其他人最终变成富人，那它也必定能很好地预测一个人的世界观、喜好、习惯和判断。因此，其中一种去检测种族预测有多准确的方法，就是对比来自不同族裔但是阶层背景相似的人。

实际上，在采访过的低收入者中，我没有发现低收入的"马来人"与低收入的"华人"（或是其他类别的人）有重大差异。受访者有时也提到"种族"，因为他们同样生活在这个社会，也会受到这个社会的普遍认知影响。他们聊起自己遇到的人，经常会用族裔来称呼对方；此外，他们也会讲自己所属的"种族"语言并参与相关的文化和宗教活动。我的意思不是暗示他们是"种族盲"，或是华人、马来人、印度人的概念从未出现过或毫无意义。但在讨论"种族"的影响如何重要或是否重要时，必须强调在此书中我所描绘的生活情况——关于生存环境、关于工作与生活不平衡、关于孩子的学业和养育问题、关于难以取得公共资源的问题、关于尊严需求没有获得满足的问题，广泛而深入地覆盖所有被分类为"华人"、"马来人"、"印度人"和"其他群体"的人。如果有人非要找出这些群体之间的差异，也许是可以找到。可是，如果分析人们的日常经历、境遇、习惯、情感、决定时，事实是不同的族裔之间并没有很大差别。

说不平等问题和所谓的种族无关，意味着这和普遍认知正好相反，许多人认为"华人""马来人""印度人""其他人"这些族类间存在很大的差异，但比起差异，我遇到的这些人有着更多相似之处。换言之，相较于高收入的"华人"，低收入的"华人"与低收入的"马来人"有更多共同点。也就是说阶层位置比族裔类别重要；阶层更能告知我们一个人过着什么样的生活、有哪些选项、走什么样的路、做什么样的决策，因此，"种族"对这些问题的解释价值需要被质疑。

尽管如此，我们仍须回到为什么在当代新加坡低收入和低教育程度的人中马来人的比例较高，又为什么高收入和高教育程度的人中华人的比例较高这个问题。的确，这和我在研究低收入者时看到的趋势是一致的，也就是我的采访对象以人口占比而言，马来人的数量不成比例的高，而华人数量则不成比例的低。这些趋势很重要并值得关注。然而，在此次研究中，我的研究方法并没有提供足够的实证证据来充分解释这些趋势。

理解"种族"怎么运作，并非本次研究的中心目标。具有"华人"外表的我对普遍认知中关于"种族"的事情很敏感，也察觉到无视或误读"种族"的危险。正如我在研究方法附录中详述的，我的研究方法是尽可能捕捉低收入者的日常生活经历。我记录下这个阶层中不同族裔和性别的人对于访谈的回应。我从低收入新加坡人的生活中寻找模式。通过这个方法，我可以对"种族"做出最强烈的主张，正是我之前提出的——在低收入人群中，我们无法根据一个人所属的族裔类别，预测他/她的情感、习惯和决定。在我分析的层面上，阶层是更显著的因素。

若想探究"种族"的影响、重要程度，以及为什么"马来人"在低收入者中比例偏高，而"华人"却在高收入者中比例较高，我们必须进行大量的研究，并且出发点是用条理分明的研究工具去解决这些问题。我的实证数据着重于低收入者的生活，因此我不能，也无法假装我可以回答这些问题。种族研究中，针对分类原则和惯例的研究；审视雇主、房东/屋主、学校、法院歧视行为的研究；追踪隔离和贫民窟化，以及记录针对某些人的种族暴行历史的研究——这些庞大和丰富的学术研究，让我们看到要真正理解并解释"种族"的影响，以及种族如何产生和再生产，学者们就必须盘查一般人视为理所当然的事物，认真生成数据并严格审视和分析观察到的现象，并且在发表研究时能够深入剖析和构建知识体系，抵制普遍认知的成见，并建立有挑战力、影响力，在人们舒适区以外的新知识。在能够充分回答这个问题之前，我们还有更多的工作需要做。

每次在我发表关于贫困和不平等的研究后，总会有至少一名听众要求我进一步讨论"种族"问题。我明白为什么人们会想进一步了解，但我一直不知道我为什么不想回答。我是因为编辑们的逼迫才写出这个章节。我并不想公开，担忧在缺少充分解释说明的情况下谈论"种族"可能会弊大于利。但是他们说服我，不谈论"种族"是难以令人满意的，因为我们生活的社会里身为"华人"、"马来人"、"印度人"和"其他人"是一目了然的事，无论我谈不谈论，新加坡人都会假设"种族"会影响贫富是人所共知的事情。

我不想基于自己搜集的来带出"种族"因素，很难解释为什么我不想这么做。我希望这篇文章能够阐明原因：我们不应该随波逐流地将"种族"抛入各种议题中，因为人们对它的普遍认知将占主导，令人们能看到和这些议题基本上毫无关系的差异。当我写下这些的时候,我很担心有人会断章取义,声称我是在论证"种族""基本是上无关紧要的"。①

那么,你应该从这篇文章中得到什么结论呢?首先,我们的普遍认知——认为"种族"对我们的感情观、世界观、决策和行事方式来说是一个强力的预测因素——这个观念是错误的;不同"种族"的相似处远比普遍认知告诉我们的要更多。其次,对于新加坡贫困和不平等的趋势,我们还有许多仍未找到答案的问题,还有更多的研究要做。要了解在表象上"种族"缘何/如何成为不平等现象再生产的重要原因,我们必须进行更多研究去弄清楚具体的动态、程序和制度,帮助我们了解分类的影响和歧视的运作。在那之前,我们必须保持警觉:参照种族主导的基本形式课程的理念,给"种族"加上引号,放弃使用"种族歧视"一词。

---

① 不要断章取义。

第十一章
现在要怎么办？

　　这就是不平等的样貌。那现在要怎么办？本章将探讨我迄今为止对这个问题的所学所思。

学习与反思

　　有很多关于不平等和贫困的集体知识在等待我们去阅读和思考。

　　只要去看社会学家、人类学家、经济学家、心理学家、地理学家的研究，就会明白不平等是不好的，它对社会和个人的福祉是不利的。它不仅对身处社会底层的人不好，对整个社会也有很多弊端。不平等损害社会凝聚力、不利于政治与社会功能。

　　我们知道不平等的成因和解决方案。尽管不平等自古就有，却并非自然而然的现象，非常多实证证据表明政府和社会政策在不平等的再生产中扮演着核心角色。换言之，在这方面表现较好或较差的国家并非出于偶然。我们可以去看一些实证研究的例子，进一步了解哪些国家做得比较好，它们做了什么来帮助减少不平等。

学习的必要条件是谦虚以及抱有改变自身既有想法的意愿。从第三世界到第一世界、从贫困到富裕的叙事；新加坡的卓越成就的叙事；不平等是全球化和经济发展的必然结果的叙事；成功和失败是公平的结果且是基于个人特质的叙事——这些都是学习的障碍。关于不平等的知识从一个最简单的观点开始：新加坡存在严重不平等。若想开始学习，我们必须能够得知这一点，然后克制住内在想去辩解的冲动。我们必须有意识地努力跳出防御心理和固有的意识形态。

信息并非知识。事实不会自动转化成为理解的能力。信息自身也不会启发一个人去提出根本问题，不会推动一个人去行动。

在撰写此书的过程中，许多小说、散文、短篇小说、戏剧、漫画、诗歌激发了我的想象力并加深了我的决心。有些作家和思想家没有列入此书的参考文献，但是他们的作品都影响了我，其中包括大卫·拉科夫（David Rakoff）、奇马曼达·南戈齐·阿迪奇（Chimamanda Ngozi Adichie）、埃莱娜·费兰特（Elena Ferrante）、安德鲁·所罗门（Andrew Soloman）、陈思玉（Jolene Tan）、伊丽莎

第十一章 现在要怎么办？ | 215

白·斯特劳特（Elizabeth Strout）、欧大旭（Tash Aw）、娜塔利娅·金兹伯格（Natalia Ginzburg）、塔妮亚·德·罗萨里奥（Tania de Rozario）、塔-内西·科茨（Ta-Nehisi Coates）、巴利·考尔·贾斯瓦尔（Balli Kaur Jaswal）、李婉婷（Amanda Lee Koe）、安·帕奇特（Ann Patchett）、阮越清（Viet Thanh Nguyen）、穆罕默德·拉蒂夫·穆罕默德（Mohamed Latiff Mohamed）、菲利普·霍尔登（Philip Holden）、查蒂·史密斯（Zadie Smith）、茱帕·拉希丽（Jhumpa Lahiri）、琳迪韦·斯特（Lindy West）、艾伦·卡明（Alan Cumming）、亚非言（Alfian Sa'at）、帕蒂·史密斯（Patti Smith）、保罗·弗莱雷（Paulo Freire）、阿兰达蒂·洛伊（Arundhati Roy）、伊恩·麦克尤恩（Ian McEwan）、李翊云（Yiyun Li）、莫欣·哈米德（Mohsin Hamid）、雅阿·吉亚西（Yaa Gyasi）、哈里斯·沙玛（Haresh Sharma）、赖启健（Lai Chee Kien）、乔治·佩雷兹（George Pérez）、刘敬贤（Sonny Liew）、泰茹·科尔（Teju Cole）、玛丽·奥利弗（Mary Oliver）、G.维洛·威尔逊（G. Willow Wilson）、丽贝卡·索尔尼（Rebecca Solnit）。

我很难从文学的角度描述这些作家的共同点。我在阅读他们的作品时没有什么特定目的。这些作品把我从学术的束缚中解放出来。它们让我回到社会学家历来关注，但现在却很少能不避讳地公开提出的重要问题：何谓人？我们是谁？我们可以梦想成为什么样的人？

　　为了成为社会学家而刚开始接受培训时，我怀有一个看法，那就是社会学家在研究中获得的知识和洞察有着带来变革的潜力；直到今天，我仍在某种程度上相信这一点；系统性的实证证据仍是我的致力方向——我会从中弄清什么事情需要改变及如何改变。可是，为了满足对于进步性变革可能的渴求、培养能去想象另一种现实的勇气，为了能搭建纽带，将信息联结到知识，知识联结到共鸣，共鸣联结到信念，信念联结到行动，社会学不能独自发挥作用。

　　"现在要怎么办"这个问题是一个持续的挑战，而非静态的终点。这意味着我们要从各个方面激发创意、开放探索及不懈努力。要做到这一切，我们必须不断阅读、不断聆听、不断思考和不断学习。我们必须主动探寻能让我们勇于提出重大问题的知识。

适应和行动

　　我是一名社会学家。我的工作是揭露、分析、反思和写作。在分享研究成果的过程中，我遇到社工、辅导员、企业主、老师、政策制定者、社会运动人士、作家、戏剧界人士、电影制作人、摄影师、学生、志愿者、父母。

这些人的职业和目标各不相同。他们身处的社会位置不同——有时还会同时身处多个——伴随着特定的角色、状况、资源、机会、限制、承担。他们有各种理由想要了解我的研究发现。而等离开了我的研讨会或读完我的文章后，他们会朝着不同方向出发。他们会在其他任何地方做不同于我的事情。

我的学生会开玩笑说社会学毁了一切。透过社会学的滤镜观察世界，会觉得有些事情本末倒置，从此一切都不再简单，也无法从日常生活的常识中找到快乐。最糟糕的是，在了解关于这个世道的各种知识后，却没有能力改变世道，会让人有极大的无力感。由于我是给他们传递知识的那个人，所以有些学生误以为我走过的路是唯一试图实现改变的途径。

很多年前，我刚认识一个朋友，她后来成为我最好的朋友之一，那时的我在接触社会学后也产生了无力感。我们就这种无力感聊了很多次，她教会了我两件事：第一，无论处于什么位置，我们都必须尽力而为，只要采取行动就一定有意义。第二点，我们最终能够带来的影响，是因为我们会群策群力。

关于不平等问题，我们能做些什么？我希望有很多，而且其中包含许多我无法想象到的做法。剧作家、政策制定者或学生提出的解决方案，会是我无法预料的。我正在从我自身所在的位置尽我所能，我知道许多其他人也会在他们的位置上尽力而为。我们每个人都运用自己拥有的知识去做事，并根据现有的资源和机会适应调整。有些日子里，我们会感到徒劳和无力。有些日子里，我们能获得机会，然后为了这个机会不断地撞击紧闭的门。我们必须提醒彼此，我们并不是在孤军奋战。我们行动是因为我们必须这么做，我们行动是因为齐心协力，我们就能创造新局面。

目标：向瑞典学习

2017 年，国际金融发展组织（Development Finance International）和乐施会（Oxfam）就它们新开发的测量指标"承诺减少不平等指数"（Commitment to Reducing Inequality Index）发表了一份报告。它们审视了 152 个国家对于减少收入和财富不平等的承诺。这些"承诺"的投入度会经由社会支出（在医疗保健、教育与社会保障的）金额方面、税收（的结构和范围）方面，以及劳动者权益的保障方面进行审视，因为上述每一方面都有再分配效应。这份报告捕捉到其他不平等衡量指标没有注意到的一点：要衡量各国为了解决日益严重的不平等问题实际做了什么，而不是单单用指标去测量各国现在的不平等状态有多严重。这点很关键，原因有二：第一，衡量不平等状态的指标只能表明该国家在特定时间点上的表现，从中我们无法得知该国未来的表现走向如何。这种衡量方式往往会忽视了某些富裕国家虽然承诺了会致力于改善收入分配状况，但最近几年的表现却和承诺渐行渐远（如英国），而有些相对不富裕的国家虽然不平等率仍然居高不下，但在改善收入分配状况方面砥砺奋进（如纳米比亚）。第二，这样的指数可以成为公民追究政府在改善不平等上的作为或不作为的工具。

  瑞典不出所料地位居排名首位，表明它在承诺减少不平等问题方面做得最好。该报告公布后发生一件令人吃惊的事情，瑞典和新加坡（作为国家或国家中的特定机构）在被报道获得全球高排名时的反应是截然不同的。《卫报》（*The Guardian*）刊登了一篇以瑞典为主题的文章，[1] 在报道中，（瑞典）各党派的政治领导人谈论了他们对不平等问题日益恶化的忧虑，以及必须如何更努力去改善不平等状况。我必须看两遍这篇文章才确定自己没有误解其中的主旨。这个向来在各种平等或社会福利措施方面名列前茅的

---

[1] Crouch（2017）。

国家，现在登上了减少不平等承诺指数的榜首，但新闻竟不是报道他们在庆祝取得成就，而是讨论情况怎么会变得这么糟糕，以及他们需要怎样做得更好。一方面，这是这个指数所指的"承诺"一词的完美体现；另一方面，哇哦（感叹，表示钦佩赞赏）！

我们可以从这份报告中学到很多东西。报告作者解释了他们如何选择衡量标准，以及阐述一个社会如何通过各个衡量标准对应的因素，把财富更好地分配给社会中的所有成员以减少收入不平等。他们直言不讳地指出，这些指标对应的政策措施部分是为了纠正各国政治和经济精英垄断资源的现象。他们也明确指出，当中许多措施仍然无法防止上述精英人士掠夺和隐藏财富。我们今天在全世界看到的不平等现象有具体的参与者。当国家承诺致力于解决这个问题时，它们就是在承诺要为大多数人多尽一点心力，并坚定此立场，轻微削减权贵人士的既得利益。

因此，这份报告可让公民通过两种方式对政府进行问责：第一个方式比较明显——当有排名的时候公民可以说："这是我们现在的排名——下次报告发表时我们可以做得比现在更好吗？"第二个方式或许更重要，那就是开启关于这些社会政策措施的对话交流——如在教育、保健、社会保障、税收以及劳动者权益保障上的支出——并将这些议题框架化为公平与公正的问题。要求一个国家的财富可以传导和分配给每一名成员——当初本就是这些成员为创造财富做出了贡献——并要求不让少数精英群体通过政策来合法地垄断,这些要求并非不合理。公平和正义是能带给大多数人更多实质益处的明智原则,并不是古怪的亚文化。

我用这么长的篇幅描述承诺减少不平等指数,不过只是想以此举例说明。这份报告就像其他任何报告或排名系统一样,也有局限性。重点在于这些工具的存在让我们能设定合理的目标。我们可以要求政府对实现目标承担责任,但前提是这些目标已被设定。

承担责任:忘掉瑞典

我留意到有人不喜欢我谈论瑞典。他们会提醒我,瑞典和我们的文化不同:新加坡人在文化上还没有准备好,也不会接受高税收。他们尤其喜欢说我们是多元文化国家,而瑞典不是。他们从未解释多元文化主义和社会政策的因果机制,但是我知道他们以此占据话语上风,因为他们只要一说出这句话,就没有人,包括我自己,想继续谈论瑞典了。表面上他们已经说服了我。实际上,我沉默是因为他们的主张提醒了我,在达到瑞典的境界之前,我们还有84个国家可以去学习、追赶和超越。

如果提到瑞典让你感到困扰，那就忘掉瑞典吧。

林方源（Jeremy Lim）在他的著作《神话还是魔法》（*Myth or Magic*）里详细解释了新加坡的医疗保健制度以及它如何随着时间演变。刘浩典（Donald Low）和苏德·瓦达凯斯（Sudhir Vadaketh）在《艰难的抉择》（*Hard Choices*）一书中探讨了经济与社会政策的各种维度，以及它们是如何发展而来的。罗家成（Loh Kah Seng）、覃炳鑫（Thum Ping Tjin）和谢明达（Jack Chia）在合编的《在新加坡与神话共处》（*Living with Myths in Singapore*）中与其他作者对各种各样的故事进行剖析，告诉了我们新加坡的过去与现在。[1]

上述著作都对历史有独到见解，尽管这些作者并非全都是历史学家。其中一个关键的发现是：在相当近的历史上，新加坡曾非常重视以平等与正义为核心的道德承诺。在不远的过去，这里曾渴望将这些价值作为发展的核心目标。经济增长和财富只是达到目的的手段，而非目的本身。即使现在，这个时常云雾迷人眼的特定历史时刻，这种道德观仍然深植于我们的文化。

面对质疑，我经常两天后才想到该如何反驳。不过有

---

[1] Lim（2013）；Low and Vadaketh（2014）；Loh，Thum and Chia（2017）。

一次，我脑海中立即浮现了林方源的著作，以及他引用杜进才（Toh Chin Chye）、约舒亚·本杰明·惹耶勒南（J. B Jeyaretnam）和吴作栋（Goh Chok Tong）对于医疗保健制度应该做什么的论点。[①]这些段落显示在20世纪80年代，对于政策设计和程序曾经进行过严肃辩论。不仅如此，不同学派对于人的本性、人的价值、政府角色及社会作用的看法，分歧之大简直可以说是针锋相对。我无法肯定地指出新加坡政府当前的立场和未来的方向，但我对于"可是我们不是瑞典"的回应是：忘掉瑞典吧。在我们自己的历史中，在我们自己的文化中，这些争论本就存在。一边提倡福利、平等和正义，另一边则主张自力更生和"市场机制"，这样的对比、分歧和争议一直存在于我们的社会之中。

回到我的田野调查现场，我很荣幸结识这群令我不得不继续热爱这个国家的人。生活在体面的生活水平之下并不美好，在社会规范之外也并不浪漫。但这群人虽然面对艰苦的环境，却依然深爱自己的家人、以自己的工作为荣、乐于为陌生人腾出时间、善于发现美好和优点、懂得与邻里分享、从危难中重振旗鼓、勇于直面错误、谈论公平、

---

① 详见 Lim（2013），第52—56页。

决心成为善良的人。他们无疑是值得尊敬的。我被迫放下内心的愤世嫉俗。

勤奋工作、自力更生、家庭观念、社区集体，这些几乎成为口号和陈词滥调的话语，由真实的人在真实生活中展现时，变成了如此美好的事物。非黑即白的世界透露出斑斓色彩。价值观以超出政策规则的方式体现出来，它们的不完美在令人惊叹地提醒我们，人性无法被塞进狭隘的出路上。尽管身处不利环境，但它们仍源源不绝地一再显现，就像从混凝土板缝隙长出的小草。我是来自另一个世界的访客，被赋予了了解如何修复问题的任务，却发现原来这里有着值得我们去追求去仿效的重要价值观。

或许瑞典和我们是不一样的。瑞典当然和我们不一样。但在我们自己的文化中——不论过去还是现在——都存在着我们可以为之奋斗的生活价值、信念、习性和志向。

这就是不平等的样貌。现在要怎么办？

现在我们要拒绝接受。

给所有读者的研究方法附录
这就是资料的样貌

民族志研究方法——尽管在社会学、人类学和地理学等专业领域都有丰富的传统——但一般大众却不是那么了解。我在此以附录的形式解释这种研究方法的含义，以及读者为什么需要知道这些。我选择将其附上——即使这本书并不是为那些对研究方法有兴趣的学者而写——因为了解知识产生的方法很重要。知道问题是如何设计的、资料是如何搜集的，以及使用资料的人如何使用它，都是当今世界中的重要技能，也是建立民主社会的重要前提。因此，本附录不仅是为了对做研究感兴趣的人而写，也是为了所有必须接触各种形形色色的观念、资讯及真伪信息的人而写。了解研究人员如何提问、如何搜集资料来回答这些问题，以及如何使用资料来讲述关于社会的故事，探讨其背后的机制和原则，等于学习如何从批判的角度来评估那些关于我们自己的信息。认识资料——它的创造、它的诠释、它的使用——是我们的民主权利和身为公民的责任。

提问的方式影响我们如何理解世界

我开始研究的目标很简单：了解低收入人群的日常生活。我花了三年时间，主要是在 2013 年至 2016 年间，拜访了两处建屋发展局的组屋小区。除了这两个小区外，我去了其他六个小区拜访以了解不同小区间的差异。在此期间有几个月的时间，我每周会去两到三次，其他的月份因另有工作安排，拜访次数就没那么频繁。尽管并非完全刻意如此安排，不过这样的拜访模式对于了解的过程起到重要作用：定期到访让我对其空间渐感适应，我在那里和住户闲聊也越发自在；离开一段时间再回去，尤其是我在后期撰写和发表研究时，则能提醒自己所见证的情况有多严酷，防止我接受并对他们的困境习以为常。

我每次会在小区里逗留 3—4 小时，探访两到三个家庭。我总共拜访了大约 90 次并与 200 多人交谈。我把大部分注意力集中在有孩子的家庭而非老年人身上，因为我对了解不同代际的社会阶层流动情况特别感兴趣。我们会聊各种东西：包括他们的孩子、家庭、住所、邻居、工作、危机、志向及日常生活。每次拜访后，我会花 2—3 个小时撰写田野记录，尽可能详细地写下受访者和我分享的细节，以及我听到和观察到的详情。时间长了，我开始发现固定的模式和主题，并且能够更有系统地对我的研究资料进行分类。持续阅读；反思自己早期的研究；与其他学者、社工、社运人士、志愿者对话；通过审视政策文件、演讲、其他研究来验证我的发现；撰写备忘录、讲稿、论文——这些都更进一步塑造了我该如何解读我的研究发现。

我的研究方法是民族志，意思是资料来自重复拜访相同的小区，通过许多非正式的对话（通常是关于看似平凡的琐事），以及观察人们的互动和空间而形成。在为数不多的案例中，我做了几次正式访谈——采用固定的问题列表来做。但是过一阵子后，我发现这种方法不能很好地服务于我的研究意图。我发现在非正式对话中能更加有效地获得各式各样的人的生活体验；这一点至关重要，因为我的目的是了解人们的日常生活。重要的是，我还发现非正式对话相较于正式访谈能更好地建立信任和融洽的关系，人们也会比较放松和乐于分享信息。通过少说话、多聆听，不要坚持影响话题的方向，人们生活体验的复杂性就能找到空间进入到对话当中。通过这种方式，我了解了许多原本我没想到要问的事。通过民族志的研究方法，我才能看到、听到、学到之前从没有预期的事物。

关于社会中的某些类型问题，当我们还不太了解，存在着隐藏、受到污名、敏感的或复杂的现象时，民族志的研究方法可以取得的有意义的资料和见解，是其他研究方法（如问卷调查）所无法比拟的。你不妨这么想象：自己遇到一个人，当他拿着写字夹板，站在门口或打电话问你一连串问题："从1到5，你会说自己的小孩总体上有多幸福？5是非常幸福；4是幸福；3是有点幸福；2是不幸福；1是不确定。"你有正常、符合社会规范、安全的方式回答这个问题。但或许你的孩子学业落后，或许你和青春期的孩子难以沟通，几乎整周都没有说话，又或许你其实想回答2或1，或是选项里根本没有提供合适的答案。但是你不知道拿着夹板或电话另一头的人想听到什么；你可能根本搞不清楚问题是什么，因为提问者读得太快，而且是20个问题中的一个。更何况那又不关提问者的事，提问者们看起来或听起来也不像希望听到真正的答案。从事民族志研究的人也会面临相同的障碍，但是扩展回答问题的空间，让对方有时间先说出符合社会期待的答案，接着才透露其面对的各种挑战或复杂状况，为研究人员提供了进一步捕捉家庭生活中发生什么事的机会。换句话说，这种研究方式取得的研究资料不仅不同，而且更好——更能准确反映出真实的生活体验。问卷调查当然在某些类型的研究问题上是很重要的。我写这篇文章，不是要贬低它在知识生产中的价值。然而，由于我们生活在将数字和统计数据视为无可辩驳"事实"的社会中，由于深入访谈和民族志观察到的现象经常被视为"趣闻逸事",那就有必要指出资料有很多不同类型,而且研究人员取得资料的途径,必须取决于提问的性质,而非很多人误以为比较贴近事实的方式。在涉及不为人知的经历和受污名身份的提问,定性研究可以取得更精确、更可靠以及更全面的资料。同一个问题问三次,使用不同措辞、和对方眼神交流,并注意通过肢体语言透露出兴趣和同理心,就能问出各种层次的答案。就是这种层次,让我们更接近理解那些不容易说出口和不容易听到的事情。

话总被人在说,总有人在说话

刚到美国念书时,我最先需要改掉的习惯之一就是用被动语态写作。据说、我说;据认为、我认为;有人相信、我相信。我交的每一份作业都被画上满满的红线。谁说?谁认为?谁相信?

被动语态不仅和文风有关,也是关于责任。是谁说的?来自何方?他们代表什么立场?他们的利益点在哪儿?他们可能有哪些盲点?他们有什么是没说出来的?如果某人说话的方式让你觉得没有特定的人在发言,为什么呢?他们说话的内容在什么情况下,在多长时间之内能适用?主动语态强迫我们把事情说清楚:我说、某个特定的人说、特定研究认为（包含引用标注）、这群生活在某个特定时间和地点的人相信。老师要求我用主动语法写作，迫使我必须写得更精确、更具体，并以实证证据支持自己的主张。

进行田野调查时，我存在；在办公桌前书写时，我存在；在台上发表演说时，我存在。存在意味着有一定的生活经历，这些经历塑造出令我感兴趣的问题。存在意味着获得了皮埃尔·布迪厄所谓的"惯习"（habitus）——是一系列肢体动作、习惯、说话方式——虽通过个人的身体展现，却受社会地位影响，反映出一个人的阶层、种族背景、性别位置。存在意味着面对他人各式各样的无法掌控的反应。存在是同意某一些人而不同意另一些人的主张；存在是拥有特定观点——包括兴趣、偏好、能力、局限、盲点。

每一个研究人员——在任何一个领域、做任何类型的研究——都会带着自己在社会里的存在和因此形成的主观想法。他们基于不同生活经历和社会地位，询问自己感兴趣的问题；他们根据自己与他人的关系以及因此受到的影响，思考所搜集到的资料；他们以特定的方式分析——整理、诠释和理解——他们的资料，因为从职业和生活得到的世界观与经验促使他们有自己倾向的思考方向。在定性研究的传统中，主观性本身不会破坏研究，但是缺乏对主观性的反思则会。

读者无法控制作者，但当你面对关于这个世界的知识的任何陈述时，你必须追问：谁在发表言论？他们代表什么立场？从批判角度评估别人整理出来关于世界的知识，不仅在于了解如何解读图表或句子，也要知道如何质疑隐含的和经常不被明确说明的假设、前提及偏见。

知识生产的事业：谁有权利生产知识？在什么条件下？

许多学术界的朋友得知我正在撰写本书，并计划将其交由一家本地独立出版社时代精神书屋（Ethos Books）发行时，都对我的勇气表达赞赏。我是人，自然会希望被人认可。但是，为非学术界的读者写一本关于社会的书，不应该需要有勇气才能做到。我以社会学学者的身份受雇于公立大学并受到公共资金资助。这原本就是我职责的一部分。与社会大众分享我拥有的知识是我专业责任的重要部分，因为正是由于有这些人，我才得以从事研究。然而，学术界很少有学者发表期刊论文以外的文章，或者交与非学术出版社发行著作。在撰写这本书之前，我花了一些时日，事实上是写了一部分学术论文后，才开始撰写本书的。在做此决定时，我必须先接受本书将无法被纳入大学工作表现的评价体系中。

本书是我在取得终身教职资格后所写的。它并非一本我在积累学术成果以证明自己在新加坡大学里的价值时能写出来的书。我历经种种曲折，才真正知道如何下笔写这本书——包括与导师进行的关键对话、跌跌撞撞地参与公民社会、与跟自己生活完全不同的人进行数不清的接触、建立了另一种意义的生活世界。

我很幸运当时能够有选择，也很高兴自己做出了这个决定。撰写本书的过程，让我觉得自己成为社会学家的梦想终于要实现了。可是，令我深感不安，且我认为所有人都应该感到不安的是，做出这个决定竟会如此困难。我们应该非常担心，本书由如此多的无法预测的意外事件促成，高度依靠运气促成。生产关于社会的知识，让社会成员阅读、批评、评估和讨论，不该是机缘巧合的事。这样的书应该是知识生产系统的常规成果，而非偶然之作或灵光一现。

了解事实资料是民主权利和义务的一部分。但是，如果事实资料没有开诚布公——如果研究人员做研究时知道某些问题很重要却避而不提、如果研究发现没有与闭门会议外的大众分享、如果分析没有透过各种媒介广泛分享和传播而只有少数学术界的读者才知道——人们就无法行使这些权利或义务。在了解如何解读和批判地评估事实资料之外，读者也需要知道这是我们知识生产系统的现状。在这样的背景下了解世界,我们需要主动地渴求各种知识来源,并且抱持怀疑和谨慎的态度对它们进行解读。

知识永远不完善。本书眼下是个完成品,但是还有很多其他问题有待我们发问,有许多研究等着我们进行。在知识生产系统的局限和制约下,我仍希望本书能够是个开端。

后记
自传式民族志意料之外的一年

女儿于 2018 年 12 月送给我的礼物。

　　我在 2017 年 12 月提交了本书最后一版的书稿,一个月后《不平等的样貌》出版发行,我全然以为自己会渐渐远离本书。学者的工作就是这样,我们花时间研究,然后写文章和书籍提交研究结果,再花几年左右的时间进行修订。等到研究成果接受评审、修订和出版的时候,我们已经在做着其他项目了。在论文或书籍发表后,可能有少量讨论它们的机会;五到十年后,我们也许会发现自己的研究成果被人看到了,因为有其他学者在他们的著作里引用了它。就这样了。学术界以外的人也许无法理解,但是学者明白不会有很多人阅读或评论自己的作品,然而他们依然写作。在此情况下,我对《不平等的样貌》出版后会有什么状况是毫无准备的。

新加坡独立出版社时代精神书屋于 2018 年 1 月 5 日发行《不平等的样貌》,一经上市本书就冲上了非小说类的每周畅销书排行榜(并在榜上停留约一年时间)。到 2 月 2 日举行新书发布会时,本书已经销售了 800 册并吸引了大约 200 人来参加,其中绝大多数是陌生的面孔。2 月,国会开会审查预算,议员们在发言时提到本书,有的还直接引用书中的段落。[1] 主流媒体很快关注到了这本书——编辑评论出现了,并且在中文或英文媒体探讨不平等和社会流动

---

[1] Seow, Joanna. March 8, 2018. "Parliament, Marathon 52 hours," *The Straits Times*. http://www.straitstimes.com/politics/parliament-over-52-hours-mps-debated-budget-for-longest-time-in-five-years

的各种文章中引用了它。① 除了《海峡时报》和《联合早报》外,其他报刊也报道了本书。② 从 1 月到 7 月,不时有记者要求我对不同报刊文章发表评论或接受报刊专访,我拒绝了其中的大部分。巴拉蒂·贾格迪什(Bharati Jagdish)的采访是我为数不多接受的采访之一,因为她发过来了与本书相关的深入问题,这正好让我可以澄清某些疑问,而且那是个广播节目,所以会有足够的时间解释复杂的议题。③

---

① Ng, Wai Mun. February 11, 2018. "那些看不到的平等(Unseen Inequality),"联合早报 *Lianhe Zaobao*. http://www.zaobao.com.sg/zopinions/opinions/story20180211-834545; Chua, Mui Hoong. February 28, 2018. "Inequality is a threat—name it, face it," *The Straits Times*. http://www.straitstimes.com/singapore/inequality-is-a-threat-name-it-and-face-it; Han, Fook Kwang, March 18, 2018. "Inequality looks like this? Help!" *The Straits Times*. http://www.straitstimes.com/opinion/inequality-looks-like-this-help; Yap, Pheng Hui. April 15, 2018. "不平等的逆向思考(Unconventional Ways of Thinking about Inequality),"联合早报 *Lianhe Zaobao*. http://www.zaobao.com.sg/zopinions/opinions/story20180415-850935

② Wong, Chee Meng. February 14, 2018,谁了解新加坡贫困问题? (Who understands Singapore's poverty problem?), *Malaysiakini*. https://www.malaysiakini.com/columns/412219; Han, Kirsten. March 6, 2018. "Tax and not spend in Singapore," *Asia Times*. http://www.atimes.com/article/tax-not-spend-singapore/; Tan, Corrie. May 18, 2018. "Underclass' twists the knife in your middle-class guilt," *Arts Equator*. http://artsequator.com/underclassreview/

③ Jagdish, Bharati. May 19, 2018. "Author of This is What Inequality Looks Like: Teo You Yenn." *On the Record, Channel NewsAsia*. https://web.

那次访问后来广为流传,并在 5 月引发本书的另一波销售高峰。1 月到 7 月,我针对部分对话和辩论写了七篇专栏评论。① 当然,并非所有反馈都是正面和赞美,一些批评

---

archive.org/web/20201020182518/https://www.channelnewsasia.com/news/podcasts/on-the-record/author-of-this-is-what-inequality-looks-like-teo-you-yenn-10249426; Jagdish, Bharati. May 23, 2018. "Universal welfare and saying 'no' to tuition: Teo You Yenn goes On the Record about inequality," *Channel NewsAsia*. https://www.channelnewsasia.com/singapore/teo-you-yenn-this-is-what-inequality-looks-like-on-the-record-824641.

① Teo, You Yenn. February 4, 2018. "When kids say 'I lazy what,'" *The Straits Times*. http://www.straitstimes.com/opinion/when-kids-say-i-lazy-what; Teo, You Yenn. February 23, 2018. "The economy as a means to an end, not an end in itself." *The Straits Times*. http://www.straitstimes.com/opinion/the-economy-as-a-means-to-an-end-not-an-end-in-itself; Teo, You Yenn. May 9, 2018. "Why investing in early childhood education cannot be the primary solution to inequality," *Channel NewsAsia*. https://www.channelnewsasia.com/commentary/early-education-tackling-inequality-teo-you-yenn-822301(Also translated to Chinese and published in *Lianhe Zaobao* on June 1, 2018: https://www.zaobao.com.sg/forum/views/opinion/story20180601-863639); Teo, You Yenn. May 11, 2018. "Don't silo inequality into a low-wage or education problem," *The Straits Times*. https://www.straitstimes.com/opinion/tackling-inequality-vigorously; Teo, You Yenn. May 30, 2018. "Let's talk about meeting needs, not just equality of opportunity," *The Straits Times*. https://www.straitstimes.com/opinion/lets-talk-about-meeting-needs-not-just-equality-of-opportunity; Teo, You Yenn. June 7, 2018. "Lack of social mixing is a symptom of inequality, not a cause," *The Straits Times*. https://www.straitstimes.com/opinion/lack-of-social-mixing-is-a-symptom-of-inequality-not-a-cause(Also translated to Chinese and published in *Lianhe Zaobao* on June 29, 2018: https://

的声音也同时出现。① 朋友发信息告诉我似乎有人说我"假惺惺",以及我很可能会引发一些人负面地使用"理论"和"学术"这两个词。许多文章和演讲的题目取名为"……的样貌",让我看得有点晕头转向。有些时候我被指名道姓,其他时候我会被当成名字都不能提的伏地魔(Voldemort)。到了8月左右及之后,本地媒体没有再发来采访请求。我以为终于能好好休息一下。但是永无宁日的生活哪会这么轻易结束,因为电影《摘金奇缘》(*Crazy Rich Asians*)上映了,让我非常意外的是许多影评人从不平等的视角去评

---

www.zaobao.com.sg/forum/views/opinion/story20180629-871080); Teo, You Yenn. July 16, 2018. "What Singapore's fertility debate teaches us about inequality: More schemes won't work unless we look at big picture," *The Straits Times*. https://www.straitstimes.com/opinion/learning-from-the-past-to-resolve-the-inequality-problem

① Nair, Sudha. June 23, 2018. "$500 a month on cable TV and cigarettes and this family still wants aid?" *The Straits Times*. https://www.straitstimes.com/opinion/helping-families-find-hope-and-courage-to-change; Maliki Osman. June 27, 2018. "This is what helping families looks like," *The Straits Times*. https://www.straitstimes.com/opinion/this-is-what-helping-families-looks-like. Sudha Nair's piece in turn sparked a reply co-signed by 40 social service practitioners which did not explicitly cite TIWILL but reaffirmed its structurally-focused analysis: Ng, Kok Hoe. June 27, 2018. "Social workers also tackle structural conditions that lead to poverty," *The Straits Times*. https://www.straitstimes.com/forum/letters-in-print/social-workers-also-tackle-structural-conditions-that-lead-to-poverty

判这部电影。《不平等的样貌》仍然受到全国讨论,包括在社交媒体上,因为有人不再视而不见。① 国际媒体注意到了这一点并与我联系,但我没有发表评论,因为其他人已经提出许多精辟的见解,我认为自己没有什么有价值的见解可以补充。不久后,亚洲新闻台(Channel NewsAsia)制作了一档名为《无关阶层》(*Regardless of Class*)的电视节目。② 因此,本书又再次受到热议。《不平等的样貌》继续停留在新闻上,因为一些人——陌生人——没有停止援引。③ 8月到12月,我心情复杂地密切注视着不平等继续

---

① Haynes, Suyin. August 14, 2018. "The Ultra-Wealthy World of *Crazy Rich Asians* is a Real Thing. Here's Why," *Time Magazine*. http://time.com/5360699/crazy-rich-asians-singapore-economy/; Huang, Judith. August 23, 2018. "In a Singapore full of crazy rich foreigners, inequality is becoming ingrained," *South China Morning Post*. https://www.scmp.com/comment/insight-opinion/united-states/article/2160954/singapore-full-crazy-rich-foreigners; Zubaidah Jalil. October 26, 2018. "Poor in the Land of Crazy Rich Asians," *New Naratif*. https://newnaratif.com/journalism/poor-in-the-land-of-crazy-rich-asians/

② Channel NewsAsia. September 24, 2018. "Regardless of Class." https://www.channelnewsasia.com/news/video-on-demand/regardless-of-class/regardless-of-class-10751776

③ Pan, Jie. October 3, 2018. "CNA's 'Regardless of Class' is Everything That's Wrong with Singapore's Inequality Debate," *Rice Media*. http://ricemedia.co/current-affairs-cna-regardless-class-everything-thats-wrong-singapores-inequality-debate/

成为公众辩论的焦点所在——有时似乎出现进展,有时又令我泄气,因为情况毫无进展,我们又回到了说话兜圈子、在暗处窃窃私语的状况。12月转瞬即逝,我获选进入《海峡时报》影响力排行榜(The Straits Times' Power List),接着又获得新加坡年度人物(Singaporean of the Year Award)提名。《不平等的样貌》成为当年最畅销的非小说类图书,在11个月内销售了约20000本。在数篇年终回顾的评论中,不平等——《不平等的样貌》都被纳入年度大事。[1] 在2018

---

[1] Ho, Olivia. December 10, 2018. "Money and memoirs: the local nonfiction bestsellers that Singapore snapped up this year," *The Straits Times*. https://www.straitstimes.com/lifestyle/arts/money-and-memoirs-the-local-nonfiction-bestsellers-that-singapore-snapped-up-this; *The Straits Times*. December 15, 2018. "The 2018 Power List: Top 10 names in entertainment, lifestyle, and arts." https://www.straitstimes.com/lifestyle/entertainment/the-2018-life-power-list-top-10-names-in-singapores-entertainment-lifestyle; Rashimah Rashith. December 18, 2018. "Bringing inequality to the forefront of discussions," *The Straits Times*. https://www.straitstimes.com/singapore/bringing-inequality-to-forefront-of-discussions; Chua, Mui Hoong. December 29, 2018. "Education, inequality, and sexual harassment: The Straits Times best read opinion pieces of 2018," *The Straits Times*. https://www.straitstimes.com/opinion/education-inequality-and-sexual-harassment-the-straits-times-best-read-opinion-pieces-of; Zakir Hussain. December 30, 2018. "Inequality under the spotlight," *The Straits Times*. https:// www.straitstimes.com/singapore/inequality-under-the-spotlight; Tai, Janice. December 30, 2018. "Mad about Crazy Rich Asians," *The Straits Times*. https://www.straitstimes.com/lifestyle/mad-about-crazy-rich-asians-trilogy-hot-reads; Welsh,

年终之际，我仍困惑该如何弄懂《不平等的样貌》和自己刚刚度过的这一年。

种种一切在公共舞台上逐渐展开的同时，私人交流的层面也发生了一系列遭遇。我开始收到来信。一周又一周，请求会面和邀请我发表演说的电子邮件持续出现。我没有秘书，所以直接与对方的私人助理联系。我向来对于保存记录有一种偏执，后来回头检视，发现自己2018年的"拒绝名单"中，婉拒演讲、撰文或合作的数量竟然高达73次。并且这是在我认为自己已经答应了太多邀约、超出我所能应付的情况下。我喝了比预期还要更多的茶、走入许多未曾去过的建筑。我最终做了12次演讲，也许对于其他人来说可能是适度的数字，但对我来说是很多了。我在每一次演讲前都会准备新的材料，因此需要不断写作——希望以新的方式呈现相同的研究结果，寻找合适的语调来回答问题。我很开心能够尽力理解别人的问题，观察各式各样的听众如何看待本书，但也会因为感受到"徒劳"而不安，因为我在撰写一页又一页我深知永远都不会被出版的

Bridget. December 31, 2018. "Singapore's PAP managing uncertainty," *East Asian Forum*. http://www.eastasiaforum.org/2018/12/31/singapores-pap-managing-uncertainty/; Chan, Stanislaus Jude. January 2, 2019. "Inequality a rising challenge for Singapore's policymakers," *The Edge Singapore*. https://www.theedgesingapore.com/inequality-rising-challenge-singapores-policymakers

材料。每一次演讲活动接受注册申请时，座位和候补名单瞬间就被订满；好几次，主办方不得不更换场地以容纳更多听众。① 我开始随身携带一支笔，因为许多人请求我签名。不论是打算送朋友的崭新的书，还是那些被翻到起了皱褶、被标记上一道道重点线的书被递到我的手上请求签名时，我都深受感动。我微笑着参与团体自拍——一个意外踏入不同人生的教授——想着自己的脸最终会出现在哪一个社交媒体之上。遇到年轻人公开宣称他们是我的粉丝，我尽量故作镇静，希望神色没有出卖我自己。这些活动多半弥漫着些许兴奋的气氛，仿佛我正在一路狂奔，担心自己快时日不多。当然，迟早人们会渐渐离开、背过身去，慢慢遗忘。由于每次拒绝总是带给我一丝遗憾，在遇到邀请演说但实质是参加小组讨论的时候，我反而松了一口气并一反常态地乐观起来，因为有其他参加小组讨论的讲者可以"抵消"我的缺席，这样我就比较容易拒绝邀请了。

　　我离题了。信件。这些我终有一天将重读又不含索求的信件。谢谢你，你把我一直感受到，却无法以文字表达

---

① One of these events, a public lecture titled "Growing up in an unequal society" delivered at the Singapore Children's Society on September 15, was video recorded. I thank the Singapore Children's Society for sharing the recording and Jolene Tan for skillfully editing and turning it into an animation video: https://www.youtube.com/watch?v=N9G5nKnpTWA&feature=youtu.be

的事情说出来了；谢谢你，你的书读起来很不容易因为它道出了我的经历；谢谢你，你的书改变了我对新加坡和人生的看法；谢谢你写这本书；请继续写下去，谢谢你；身为新加坡的年轻人，谢谢你；身为年长的新加坡人，谢谢你；身为新移民，谢谢你；我希望自己也为改变做点事情，谢谢你。对这些持续不断如潮水般倾泻而来的感谢，我的回复也是谢谢。这些反应真的太神奇了，让在学术界中习惯了瓶子信的我感到惊讶。

在本书刚出版时，有人开始感谢我替低收入群体发声，从那时起，我一直坚称自己不能代表任何人发言。我在本书中呈现的是我的所见所闻——是我作为生活在这个社会的社会学家观察到的现象。本书包含了我的社会学专业知识优势，也带有我身为人类所具有的立场和偏见的局限。它应该以这种方式被阅读。我把自己置于书中，以我的阶层与受访者的阶层做比对，正是想强调我们有着截然不同的经历和见解。我强调我们共同的人性，以及我认为每个人应有的内在价值和内在尊严。可是，我希望我已经说清楚：讲述故事的声音是我的声音、所描述的故事是我从社会学家的角度描述的故事。在本书出版的一年中，社会上出现了许多其他的声音，其中一些来自有低收入生活体验的人，这些声音应该被认真对待；因为这些声音往往很少被听到或发出。

  身为社会学家，我讲述故事的目的是阐述某些社会现象，而不仅是述说个人的生活。[①] 换句话说，我希望本书谈论那些出于种种原因而在我们的社会中难以言说的事情。基于此观点，无法发声的不仅是低收入者，而且是生活在这个社会中的每一个人。当社会仍存在一些现象让我们无法公开发表意见、无法明确承认和辩论，并无法拥有足够心理容量和词汇来恰当描述的事情时，我们，所有人都共同地成为无法发声的人。

"谢谢。"
"谢谢。"
"谢谢。"
"谢谢。"

  如果人人都无法发声，那是什么事情让我们说不出口呢？首先，贫困存在于富裕社会中。在璀璨耀眼的国际都会里，不同阶层的人有着不平等的结果。本书设法把光

[①] I elaborate on this methodological point in an essay, "Seeing a story to get to a case," in *They Told Us to Move*, edited by Ng Kok Hoe and the Cassia Resettlement Team, 34-41. 2019. Singapore: Ethos Books.

线照向阴暗的角落,谈论新加坡耀眼表象下不被看见的情况。伴随着无法言说的第二件事是:我们当中有许多人看不到这些社会现象,是因为我们戴着有色眼镜,这些有色眼镜把眼前的事物变成平面、变成单色。翡翠之城何其碧绿?拒绝看到或置若罔闻是双重暴行,也是同谋共犯和集体否认,其代价会由边缘群体不成比例地被动承受。第三件事是,有特定的结构和权力关系影响着我们的生活与幸福,并塑造着我们看待世界的眼光。公共政策影响人与人之间的关系的等高线,导致了每个人身处高低不同的落脚点;资本主义运行中的剥削做法必须被点明;模糊事实的论述必须被识别。这不是推动全球经济客观运行的无形之手,我们无法在不谈论权力及权力行使方式的情况下理解社会现象。

  确实,在本书出版之前我从未收到过这么多来自广大公众的信件。从信上有些羞怯,有时甚至略带歉意的语气来看,很容易会注意到他们很可能也从未因为想表达感谢而去搜索一名作家的电邮地址。一年前的我还没像今天的我一样意识到自己说出了许多人无法述说的事。我完全没有预料到本书会触动那么多敏感神经、引发这么多共鸣。因为我是一名社会学家,我尝试将其作为一种社会现象来思考。我生活的内核中有着特殊的强烈意见或想法,但我在书中描述的事情最终可以独立于我。

人们对本书的回应揭示了我们社会的一些现状。本书之所以会引起共鸣是因为许多人有类似的体验、领悟、不安和智慧。要让人们产生认可，此前就必定存在未经认可的知识。要让人们在讲述之后感到解脱，此前就必定存在无法述说的事实。

写下本书是因为我生活在这个社会，吸收了这个社会的基调、矛盾、智慧和痛苦。本书经过社会大众的关注和理想主义的多番碰撞，成为今天的模样。我在书里的声音与读者在阅读本书时的声音相遇。在那神奇的时刻，出现比平时更响亮一点的声音。然而，我仍然认为我们在低声细语，我们仍未能放声高歌；我们只经历了片刻改变，还未能形成一场运动。接下来会发生什么呢？

临近 2018 年年底，几名记者问我对本书带来的影响感受如何。我含糊地搪塞说现在还言之过早。作为一本由学者撰写的书，本书销量已算是相当不错。可只有傻瓜才会以为自己能用一本书改变世界。我在书桌前抬起头环顾四周，不平等显然导致各种破坏——无论是在物质财富、社会团结，还是政治稳定方面——在世上许多角落里发生。迂腐或虚伪的人继续用"全球化"来掩盖他们的言行，可越来越多的证据表明，造成这种状况的是不平等。越来越多人察觉精英们——不论政治上或经济上——以其他人为代价无止境地囤积资源，为蛊惑民心的民粹主义政客铺平入主权力的道路，让他们趁虚而入。民粹主义当然不是民主，但是我们不断目睹在近几十年里，严重的不平等如何深深损害民主国家的民主，这种情况在民粹主义和威权主义席卷而来并扎下根基之前就存在。① 在没有证据证明新加坡拥有强有力的社会团结纽带和深厚的民主习惯前，就假设新加坡将自动成为例外，真的愚蠢。②

然而，我思绪中仍常记起那些来信和回应。一种盼望建立更美好的国家的目光闪烁，一种真诚的热忱流露其中。公民社会——渺小、遍体鳞伤——依然存活着。本书显露了社会的深层矛盾，它这一年的历程揭示了人们对于这些矛盾的敏感性以及人们希望解决这些矛盾的意愿。我们还有许许多多的工作要做。

本书还留下许多空间、间隙、灵光和可能。问题虽被

---

① For an analysis of the rise of populism in the U.S., see Levitsky, Steven, and DanielZiblatt. 2018. *How Democracies Die: What History Reveals About our Future*. UK: Viking.

② For an analysis of Singapore's political context, see Cherian George's book, published just weeks before TIWILL: George, Cherian. 2017. *Singapore, Incomplete: Reflections on a First World Nation's Arrested Political Development*. Singapore: Woodsville News.

提出，却未完全解答；答案已经被描绘，但还没上色。本书会是，也应该是，一场聚会——它对所有民众发出公开邀请。这是一份只有在人们接受、出现、逗留、交往、对话、沟通的情况下才起作用的邀请。在撰写本书的过程中，我发现了自己的声音。我把它加入更早就存在的声音中去。我希望本书继续发挥扩展空间的作用，让其他人在这空间中也能找到自己的声音。我的邀请一直有效。希望继续会有人来出席这场聚会。也希望他们，你，能够留下来。

张优远

2019 年 1 月

新加坡

致谢

这本书的撰写相当漫长。现在它终于完成了,我也能好好享受创作过程了。

朋友们、家人们、同事们、学生们、研究助理们,以及这些年来参加我各场演讲的听众们,因为有你们这段意义非凡的体验才有可能发生。谢谢你们。

我必须感谢那些与我分享经验和智慧的人:社工们、老师们,以及最重要的,我做研究的小区居民们。希望我没有辜负你们的慷慨,也希望我有尽力全面表达出你们复杂的故事。感谢各位教导我去发现并欣赏各式各样的优点。

特别鸣谢推动我完成这项写作计划的朋友们和同事们。艾瑞克·汤普森(Eric Thompson)促使我踏上这段意外的旅程。卡马吕登·穆罕默德·纳西尔(Kamaludeen Mohamed Nasir)早期的合作对我帮助很大;林克宜(Francis Lim)鼓励我为一般公众读者写作;和菲利普·霍尔登(Philip Holden)在植物园的一席谈话,是我写下第一篇文章的关键转折点。黄国和（Ng Kok Hoe）和梁尤薇（Neo Yu Wei）向我解释许多我没意识到的自己不了解的事。萧韵琴（Tricia Seow）教会我如何从不同角度看事情。与陈思玉（Jolene Tan）合作让我磨炼出言简意赅的文笔。简·纽伯利（Jan Newberry）、维涅塔·辛哈（Vineeta Sinha）、郭建文（Kwok Kian Woon）和林愿清（Linda Lim）给予我肯定和智慧。这本书可追溯到我的学术基础，感谢我优秀的老师安·斯威勒（Ann Swidler）、迈克尔·布洛维（Michael Burawoy）、华康德（Loïc Wacquant）、金·沃斯（Kim Voss）、彼得·埃文斯（Peter Evans）、拉卡·蕾依（Raka Ray），让我发现如何从社会学家的角度看世界。还有谁的编辑可以不用任何解释就给他们发舞者用身体撞墙的影片呢？感谢我的编辑黄佳毅（Ng Kah Gay）和甘愫宁（Kum Suning）在蜿蜒曲折的过程中带来乐趣，并协助把文章编辑成我们值得拥有的作品，也要感谢出版社时代精神书屋，提供了我实现这项写作计划所需要的自由和支持。

我很幸运身边有一群懂得点起星星之火和控制燎原火势的人：说的就是你们，福兹（Fuzzie）、王德玉（Lindy）、孙怡特（Sunita）、林淑美（Corinna）、罗宾（Robin）、玛吉（Margie）、黄锦佳（Jasmine）、陈瑜欣（Joo Hymn）、吴玉燕（Geok）、陈颖芸（Ying Ying）。谢谢郑家中

(Chung)、萧秀丽(Shauna)、萧韵琴(Tricia)、杨荃畯(Sean),感谢你们全然接纳与持续信任。

永远感谢拉卡(Raka)精心打磨出来的让我找到我自己路径的叙事方式;感谢CJ·帕斯科(CJ Pascoe)和特蕾莎·夏普(Teresa Sharpe)的无限付出与毫不抱怨的接纳;感谢我的父母给予我实现梦想的机会;感谢KK和L成为我的世界并给我足够的空间包容我关心的事物。我永远感激你们。

关于作者

张优远（Teo You Yen），美国加州大学伯克利分校社会学博士，现任新加坡南洋理工大学副教授，曾发表各种期刊论文、书籍文章与专栏评论，也是纽约罗德里奇出版社（Routledge）在 2011 年出版的《新加坡中的新自由主义道德：家庭政策如何影响国家和社会》（*Neoliberal Morality in Singapore: How Family Policies Make State And Society*）一书的作者。她因致力于教学并将其研究成果带入公共领域而多次获奖。2013 年她获颁南洋杰出教学奖（Nanyang Education Award），2016 年荣获美国社会学协会（American Sociological Association）性别社会学部门（Sex and Gender Section）的女权学者活动家奖（Feminist Scholar Activist Award）。

参考资料

第一章

Ackerman, Bruce, Anne Alstott, and Philippe VanParijs, eds. 2006. *Redesigning Distribution: Basic Income and Stakeholder Grants as Cornerstones for an Egalitarian Capitalism*. London and New York: Verso.

Amin, Ash. 2013. "Telescopic urbanism and the poor." *City: analysis of urban trends, culture, theory, policy, action* 17(4): 476-492.

Bourdieu, Pierre. 1989. *The State Nobility: Elite Schools in the Field of Power*. Stanford, California: Stanford University Press.

Bourdieu, Pierre, and Loïc J. D. Wacquant. 1992. *An invitation to reflexive sociology*. Chicago: University of Chicago Press.

Bourguignon, Francois. 2016. "Inequality and Globalization." *Foreign Affairs* 95(1): 11-15.

Central Intelligence Agency. 2017. "The World Factbook Country Comparison: Distribution of Family Income--GINI Index." Accessed August 14, 2017.https://www.cia.gov/library/publications/the-world-factbook/rankorder/2172rank.html.

Credit Suisse Research Institute. 2014. Global Wealth Databook 2014. Singapore.

Davis, Abigail, Donald Hirsch, Matt Padley, and Lydia Marshall. 2015. How much is enough? Reaching social consensus on minimum household needs. Loughborough, UK: Centre for Research in Social Policy, Loughborough University.

Development Finance International, and Oxfam. 2017. The Commitment to Reducing Inequality Index. Development Finance International, and Oxfam.

Donaldson, John, Jacqueline Loh, Sanushka Mudaliar, Mumtaz Md. Kadir, Biqi Wu, and Lam Keong Yeoh. 2013. "Measuring Poverty in Singapore: Frameworks for Consideration." *Social Space* 1: 58-66.

Edin, Kathryn, and Maria Kefalas. 2011. *Promises I can keep: Why poor women put motherhood before marriage*: University of California Press.

Ehrenreich, Barbara. 2010. *Nickel and dimed: On(not)getting by in America*. New York: Macmillan.

Ferguson, James. 2006. *Global shadows: Africa in the neoliberal world order*. Durham ; London: Duke University Press.

Garon, Sheldon. 2002. Japanese Policies Towards Poverty and Public Assistance: A Historical Perspective. Washington, D.C.: The World Bank.

Haney, Lynne A. 2002. *Inventing the needy: gender and the politics of welfare in Hungary*. Berkeley: University of California Press.

Inglehart, Ronald. 2016. "Inequality and Modernization." *Foreign Affairs* 95(1): 2-10.

Karabel, Jerome, and A. H. Halsey. 1977. *Power and ideology in *education*. New York: Oxford University Press.

Khan, Shamus Rahman. 2011. *Privilege: The Making of an Adolescent Elite at St. Paul's School*. Princeton and Oxford: Princeton University Press.

Kohl-Arenas, Erica. 2015. *The Self-Help Myth: How Philanthropy Fails to Alleviate Poverty*: University of California Press.

Mullainathan, Sendhil, and Eldar Shafir. 2013. *Scarcity: Why Having Too Little Means So Much*. New York: Henry Holt and Company.

Ng, Irene Y.H. 2015. "Being Poor in a Rich 'Nanny State': Developments in Singapore Social Welfare." *The Singapore Economic Review* 60(3): 1-17.

OECD. 2014. "Divided We Stand: Why Inequality Keeps Rising." Accessed October 29, 2014. http://www.oecd.org/social/soc/49170768.pdf.

Ostry, JonathanD. , Andrew Berg, and Charalambos G. Tsangarides. 2014. Redistribution, Inequality, and Growth. International Monetary Fund.

Piketty, Thomas. 2014. *Capital in the Twenty-First Century*. Cambridge: The Belknap Press of Harvard University Press.

Prasad, Monica. 2012. *The land of too much: American abundance and the paradox of poverty*: Harvard University Press.

Roy, Ananya, GenevieveNegrón-Gonzales, Kweku Opoku-Agyemang, and Clare Vineeta Talwalker. 2016. *Encountering poverty: thinking and acting in an unequal world*. Oakland, California: University of California Press.

Sainath, Palagummi. 1996. *Everybody loves a good drought: sto-*

ries from India's poorest districts. India: Penguin Books.

Sassen, Saskia. 2001. *The Global City: New York, London, Tokyo.* Princeton N.J.: Princeton University Press.

Singapore Department of Statistics. 2016. *Key Household Income Trends, 2016.* Singapore.

Smith, Catherine J., Sanushka Mudaliar, Mumtaz Md. Kadir, and Lam Keong Yeoh. 2015. A Handbook on Inequality, Poverty and Unmet Social Needs in Singapore.Singapore: Lien Centre for Social Innovation.

Song, Jesook. 2009. *South Koreans in the debt crisis: the creation of a neoliberal welfare society.* Durham: Duke University Press.

Standing, Guy. 2011. *The precariat: The new dangerous class.* London and New York: Bloomsbury Publishing.

Stiglitz, Joseph E. 2012. *The price of inequality: How today's divided society endangers our future.* New York; London: WW Norton & Company.

Wacquant, Loïc J. D. 2009. *Punishing the poor: the neoliberal government of social insecurity.* Durham NC: Duke University Press.

第二章

Housing & Development Board. 2016. "Types of flats." Accessed December 14, 2016. http://www.hdb.gov.sg/.

Klinenberg, Eric. 2015. *Heat wave: A social autopsy of disaster in Chicago.* Chicago: University of Chicago Press.

Kok, Xing Hui. 2017. "180 found sleeping on streets." *The Straits Times*, October 7.

Neo, Yu Wei, and Ng Kok Hoe. 2017. "Getting to the nub of homelessness." *Today*, October 21.

Ng, Kok Hoe. 2017. "One size fits all? Housing history, experiences, and expectations of public rental tenants." Social Service Research Centre Seminar, Singapore, April 26.

Paulo, Derrick A., and Goh Chiew Yong. 2017."Homeless stereotypes busted: Most hold jobs, have been destitute for over a year." *Channel NewsAsia*, October 7.

Singapore Department of Statistics. 2016. *Population Trends 2016*. Department of Statistics: Singapore.

Somers, Margaret R. 2008. *Genealogies of citizenship: markets, statelessness, and the right to have rights*. Cambridge, UK ; New York: Cambridge University Press.

Teo, Youyenn. 2011. *Neoliberal Morality in Singapore: How family policies make state and society*. London and New York: Routledge.

Wacquant, Loïc J. D. 2010. "Urban desolation and symbolic denigration in the hyperghetto." *Social Psychology Quarterly* 73(3): 215-219.

Wacquant, Loïc J. D. 2016. "Revisiting territories of relegation: Class, ethnicity and state in the making of advanced marginality." *Urban Studies* 53(6): 1077-1088.

第三章

Baker, Maureen. 2012. *Academic careers and the gender gap*. Vancouver ; Toronto: UBC Press.

Clawson, Dan, and Naomi Gerstel. 2014. *Unequal Time: Gender,*

Class, and Family in Employment Schedules. New York: Russell Sage Foundation.

Cottom, Tressie McMillan. 2012. The Atlantic Article, Trickle-Down Feminism, And My Twitter Mentions. God Help Us All. *Racialicious.* Accessed June 22.

Fraser, Nancy. 2013. "How feminism became capitalism's handmaiden - and how to reclaim it." *The Guardian*, October 14. http://www.theguardian.com/commentisfree/2013/oct/14/feminism-capitalist-handmaiden-neoliberal

Glazer, Nona Y. 1984. "Servants to capital: Unpaid domestic labor and paid work." *Review of Radical Political Economics* 16(1): 60-87.

Hochschild, Arlie Russell, and AnneMachung. 1989. *The second shift: working parents and the revolution at home.* New York, N.Y.: Viking.

Knijn, Trudie, and Barbara Da Roit. 2014. "Work-family balance in the Netherlands." In *Work and care under pressure: Care arrangements across Europe*, edited by Blanche Le Bihan, Trudie Knijn and Claude Martin, 33- 55. Amsterdam: Amsterdam University Press.

Kofman, Eleonore. 2012. "Rethinking care through social reproduction: Articulating circuits of migration." *Social Politics: International Studies in Gender, State & Society* 19(1): 142-162.

Laslett, Barbara, and Johanna Brenner. 1989. "Gender and social reproduction: Historical perspectives." *Annual Review of Sociology* 15: 381-404.

Le Bihan, Blanche, Trudie Knijn, and Claude Martin, eds. 2014. *Work and care under pressure: Care arrangements across Europe.*

Amsterdam: Amsterdam University Press.

Orloff, Ann S. 1996. "Gender in the Welfare State." *Annual Review of Sociology* 22: 51-78.

Razavi, Shahra. 2007. The political and social economy of care in a development context. In *Gender and Development Programme Paper Number 3*. Switzerland: United Nations Research Institute for Social Development(UNRISD).

Slaughter, Anne-Marie. 2012. "Why Women Still Can't Have it All." *The Atlantic*, July/August.

Slaughter, Anne-Marie. 2015. *Unfinished Business: Women Men Work Family*. New York: Random House.

Standing, Guy. 2011. *The precariat: The new dangerous class*. London and New York: Bloomsbury Publishing.

Teo, YouYenn. 2016a. "Why low-income parents may make 'poor choices'." *The Straits Times*, March 10.

Teo, Youyenn. 2011. *Neoliberal Morality in Singapore: How family policies make state and society*. London and New York: Routledge.

Teo, Youyenn. 2013. "Support for Deserving Families: Inventing the Anti-welfare Familialist State in Singapore." *Social Politics: International Studies in Gender, State & Society* 20(3): 387-406.

Teo, Youyenn. 2014. "Population problems, family policies, and the naturalization of differentiated deservedness." In *The Future of Singapore: Population, Society and the Nature of the State*, edited by Kamaludeen Mohamed Nasir and Bryan S. Turner, 64-82. London and New York: Routledge.

Teo, Youyenn. 2016b. "Not everyone has 'maids': class differentials in the elusive quest for work-life balance." *Gender, Place &*

Culture 23(8): 1164-1178.

Toh, Yong Chuan. 2016. "Lifting families out of poverty: Focus on the children." *The Straits Times*, March 3.

第四章

Bourdieu, Pierre. 1989. *The State Nobility: Elite Schools in the Field of Power*. Stanford, California: Stanford University Press.

Brighouse, Harry, and Adam Swift. 2009. "Legitimate parental partiality." *Philosophy & Public Affairs* 37(1): 43-80.

Davie, Sandra. 2017. "Singapore students suffer from high levels of anxiety: Study." *The Straits Times*, August 20.

Deng, Zongyi, and S. Gopinathan. 2016. "PISA and high-performing education systems: explaining Singapore's education success." *Comparative Education* 52(4): 449-472.

Edin, Kathryn, and Maria Kefalas. 2011. *Promises I can keep: Why poor women put motherhood before marriage*: University of California Press.

Folbre, Nancy. 1994. "Children as public goods." *American Economic Review* 84(2): 86-90.

Hannah-Jones, Nikole. 2017. How The Systemic Segregation Of Schools Is Maintained By 'Individual Choices'. In *Fresh Air with Terry Gross*, edited by Terry Gross. USA: National Public Radio.

Ho, Li-Ching. 2012. "Sorting citizens: Differentiated citizenship education in Singapore." *Journal of Curriculum Studies* 44(3): 403-428.

Ho, Li-Ching, Jasmine B.-Y. Sim, and Theresa Alviar-Martin.

2011. "Interrogating differentiated citizenship education: Students' perceptions of democracy, rights and governance in two Singapore schools." *Education, Citizenship and Social Justice* 6(3): 265-276. doi: doi: 10.1177/1746197911417417.

 Khan, Shamus Rahman. 2011. *Privilege: The Making of an Adolescent Elite at St. Paul's School*. Princeton and Oxford: Princeton University Press.

 Lareau, Annette. 2011. *Unequal childhoods: class, race, and family life(2nd edition)*. Berkeley: University of California Press.

 Ministry of Manpower. 2018. "Eligibility for Letter of Consent." Ministry of Manpower, Singapore. https://www.mom.gov.sg

 Oakes, Jeannie. 2005 [1985]. *Keeping Track: How Schools Structure Inequality*. New Haven & London: Yale University Press.

 Ong, Xiang Ling, and Hoi Shan Cheung. 2016. Schools and the Class Divide: An Examination of Children's Self-Concept and Aspirations in Singapore. Singapore: Singapore Children's Society.

 Singapore Department of Statistics. 2013. Report on the Household Expenditure Survey, 2012/13. Singapore: Department of Statistics, Ministry of Trade & Industry.

 Teo, Youyenn. 2011. *Neoliberal Morality in Singapore: How family policies make state and society*. London and New York: Routledge.

 Wang, Li Yi, Siao See Teng, and Chee Soon Tan. 2014. Levelling up academically low progress students (NIE Working Paper Series No. 3). Singapore: National Institute of Education.

 Wise, Amanda. 2016. Behind Singapore's PISA rankings success – and why other countries may not want to join the race. *The Conversation*. Accessed December 13, 2016.

第六章

Béland, Daniel. 2007."The social exclusion discourse: ideas and policy change." *Policy & Politics* 35(1): 123-139.

Bhaskaran, Manu, Seng Chee Ho, Donald Low, Kim Song Tan, SudhirVadaketh, and Lam Keong Yeoh. 2012. Inequality and the Need for a New Social Compact. In Singapore Perspectives 2012. Singapore: Institute of Policy Studies.

Esping-Andersen, Gøsta. 1997. "Hybrid or unique? The Japanese welfare state between Europe and America." *Journal of European Social Policy* 7(3): 179-189.

Hui, Weng Tat. 2012."Macroeconomic Trends and Labour Welfare: A Focus on Retirement Adequacy." *In Singapore Perspectives 2012--Singapore Inclusive: Bridging Divides*, edited by Soon Hock Kang and Chan-Hoong Leong, 37-58. Singapore: Institute of Policy Studies, Lee Kuan Yew School of Public Policy.

Lim, Jeremy. 2013a. *Myth or Magic: The Singapore Healthcare System*. Singapore: Select Publishing.

Lim, Linda. 2013b. "Singapore's Success: After the Miracle." In *Handbook of Emerging Economies*, edited by Robert Looney, 203-226. London: Routledge.

Ministry of Social and Family Development. 2017. "ComCare and Social Support Division." Accessed September 29, 2017. https://www.msf.gov.sg/aboutMSF/our-people/Divisions-at-MSF/Social-Development-and-Support/Pages/ComCare-and-Social-Support-Division.aspx

Ng, Kok Hoe. 2013."The prospects for old-age income security in Hong Kong and Singapore."PhD Dissertation, Department of Social Policy, The London School of Economics and Political Science(LSE).

Shanmugaratnam, Tharman. 2014. *Budget Speech 2014--Opportunities for the Future, Assurance for our Seniors*. Ministry of Finance: Singapore.

Shanmugaratnam, Tharman 2011. *Budget Statement 2011*. Ministry of Finance: Singapore.

Singapore Department of Statistics. 2016. *Key Household Income Trends, 2016*. Singapore.

Somers, Margaret R. 2008. *Genealogies of citizenship: markets, statelessness, and the right to have rights*. Cambridge, UK ; New York: Cambridge University Press.

Standing, Guy. 2011. *The precariat: The new dangerous class*. London and New York: Bloomsbury Publishing.

Teo, Youyenn. 2013."Women hold up the anti-welfare regime: How social policies produce social differentiation in Singapore."In *The Global Political Economy of the Household in Asia*, edited by Juanita Elias and Samanthi Gunawardana, 15-27. Houndmills, Basingstoke, Hampshire ; New York: Palgrave Macmillan.

Teo, Youyenn. 2015. "Differentiated Deservedness: Governance through Familialist Social Policies in Singapore." *TRaNS: Trans -Regional and -National Studies of Southeast Asia* 3(1): 73-93.

Teo, Youyenn. 2017. "The Singaporean welfare state system: with special reference to public housing and the Central Provident Fund." *In The Routledge International Handbook to Welfare State Systems*, edited by Christian Aspalter, 383-397. London ; New York: Routledge.

第七章

Pugh, Allison J. 2009. *Longing and belonging: Parents, children, and consumer culture*. Berkeley, CA: University of California Press.

第八章

Basu, Radha. 2013."Singapore must define poverty, sayexperts." *The Straits Times*, October 20.

Chan, Robin. 2013."Why setting a poverty line may not be helpful: Minister Chan ChunSing." *The Straits Times*, October 23.

Chua, Beng Huat, and Joo Ean Tan. 1999."Singapore: Where the new middle class set the standards." *In Culture and Privilege in Capitalist Asia*, edited by Michael Pinches. London and New York: Routledge.

Gugushvili, Dimitri, and Donald Hirsch. 2014."Means-tested and universal approaches to poverty: international evidence and how the UKcompares."CRSP Working paper 640 UK: Centre for Research in Social Policy.

Jongwilaiwan, Rattana, and Eric C. Thompson. 2013."Thai wives in Singapore and transnational patriarchy." *Gender, Place and Culture* 20(3): 363-381.

Lim, Jeremy, and Daniel Lee. 2012."Re-Making Singapore Healthcare." In *Singapore Perspectives* 2012, edited by Soon Hock Kang and Chan-Hoong Leong, 61-79. Singapore: Institute of Policy Studies.

Ministry of Social and Family Development. 2017."ComCare." Accessed October 16, 2017. https://www.msf.gov.sg/Comcare/.

Mullainathan, Sendhil, and Eldar Shafir. 2013. *Scarcity: Why Having Too Little Means So Much*. New York: Henry Holt and Company.

Ng, Irene , Rebecca Tan, and Kok Hoe Ng. 2008."Report on Survey of Social Workers in March 2008."Singapore: National University of Singapore.

Ng, Irene Y.H.2013."Multistressed Low-Earning Families in Contemporary Policy Context: Lessons from Work Support Recipients in Singapore." *Journal of Poverty* 17: 86-109.

第九章

Teo, YouYenn. 2011. *Neoliberal Morality in Singapore: How family policies make state and society*. London and New York: Routledge.

第十章

Banton, Michael. 1979."Analytical and folk concepts of race and ethnicity." *Ethnic and racial studies* 2(2): 127-138.

Chua, Beng Huat. 2003."Multiculturalism in Singapore: an instrument of social control." *Race & Class* 44(3): 58.

Coates, Ta-Nehisi. 2015. *Between the world and me*. New York: Spiegel & Grau.

Davis, F. James. 1991. *Who is black?: One nation's definition*. Pennsylvania: The Pennsylvania State University Press.

Kathiravelu, Laavanya. 2017."Rethinking Race: Beyond the

CMIO Categorizstions."In *Living with Myths in Singapore*, edited by Kah Seng Loh, Jack Chia and PJ Thum, 159-169. Singapore: Ethos Books.

Lancaster, Roger N.1991."Skin color, race, and racism in Nicaragua." *Ethnology* 30(4): 339-353.

Loveman, Mara. 1999."Is" Race"Essential?" *American Sociological Review* 64(6): 891-898.

Nur Asyiqin Mohamad Salleh. 2017."Presidential Election 2017: Question of who is Malay continues to be raised." *The Straits Times*, September 9.

PuruShotam, Nirmala. 1998."Disciplining Difference: "Race"in Singapore."In *Southeast Asian identities: culture and the politics of representation in Indonesia, Malaysia, Singapore, and Thailand*, edited by Joel S. Kahn, 51- 94. New York; Singapore: St. Martin's Press ; Institute of Southeast Asian Studies.

Rahim, Lily Zubaidah. 1998. *The Singapore dilemma: the political and educational marginality of the Malay community*. New York: Oxford University Press.

Syed HusseinAlatas. 2013 [1977]. *The Myth of the Lazy Native: A Study of the Image of the Malays, Filipinos and Javanese from the 16th to the 20th Century and Its Function in the Ideology of Colonial Capitalism*. London ; New York: Routledge.

Wacquant, Loïc J. D.1997."Towards an Analytic of Racial Domination" *Political Power and Social Theory* 11: 221-34.

Wagley, Charles. 1959."On the concept of social race in the Americas." *Actas del 33 Congreso Internacional de Americanistas*: 403-417.

第十一章

Crouch, David. 2017."The new'people's home': how Sweden is waging war on inequality." *The Guardian*, July 17.

Development Finance International, and Oxfam. 2017."The Commitment to Reducing Inequality Index."Development Finance International, and Oxfam.

Lim, Jeremy. 2013. Myth or Magic: *The Singapore Healthcare System*. Singapore: Select Publishing.

Loh, Kah Seng, PingTjin Thum, and Jack Meng-Tat Chia, eds. 2017. *Living with Myths in Singapore*. Singapore: Ethos Books.

Low, Donald, and Sudhir Vadaketh. 2014. *Hard Choices: Challenging the Singapore Consensus*. Singapore: NUS Press.

图字：01-2024-0202号

This Is What Inequality Looks Like
Copyright © Teo You Yenn, 2019
First published in English as *This Is What Inequality Looks Like* (Ethos Books, Singapore, 2018)
All Rights Reserved.
Simplified Chinese rights arranged with Ethos Books, an imprint of Pagesetters Services Pte Ltd, through CA-LINK International LLC (www.calink.cn).

本书中文简体字版权经由凯琳传媒取得
中文简体字版专有权属东方出版社

图书在版编目（CIP）数据

不平等的样貌 /（新加坡）张优远著；杜嫣然，杨健伟译. -- 北京：东方出版社，2025.3. -- ISBN 978-7-5207-4124-8

Ⅰ.D733.96

中国国家版本馆CIP数据核字第202481K3B0号

不平等的样貌

BUPINGDENG DE YANGMAO

作　　者：	［新加坡］张优远
译　　者：	杜嫣然　杨健伟
责任编辑：	朱　然
出　　版：	东方出版社
发　　行：	人民东方出版传媒有限公司
地　　址：	北京市东城区朝阳门内大街166号
邮　　编：	100010
印　　刷：	北京联兴盛业印刷股份有限公司
版　　次：	2025年3月第1版
印　　次：	2025年3月第1次印刷
开　　本：	787毫米×1092毫米　1/32
印　　张：	9
字　　数：	180千字
书　　号：	ISBN 978-7-5207-4124-8
定　　价：	59.80元
发行电话：	（010）85924663　85924644　85924641

版权所有，违者必究
如有印装质量问题，我社负责调换，请拨打电话：（010）85924602　85924603